W0299679

Pourquoi Dieu permet-il cela ?

Du même auteur

Mendiants d'amour, Artège, 2011

Le prodigieux mystère de la joie, Artège, 2014

Plus fort que les ténèbres, Artège, 2015

Mysterious Happiness, Livre photos
(Photos de Mathias Heng et Anna Bärlund)
– Agencyarts Singapour 2017

Matthieu Dauchez

Pourquoi Dieu permet-il cela ?

Les enfants des rues face à la question du mal

ARTÈGE

Éditions Artège
10, rue Mercœur - 75011 Paris
9, espace Méditerranée - 66000 Perpignan

www.editionsartege.fr.

ISBN : 979-10-336-0760-1
EAN Epub : 9791033607830

À mes chers parents

À toutes les âmes en souffrance

« On peut aisément pardonner
à l'enfant qui a peur de l'obscurité ;
la vraie tragédie de la vie,
c'est lorsque les hommes
ont peur de la lumière. »

Platon

« Une âme est une plaie intérieure
qui saigne du côté de Dieu. »

Gustave Thibon

La fondation ANAK-Tnk (« Tulay ng Kabataan ») est une organisation non-gouvernementale qui vient en aide aux enfants défavorisés de Manille, aux Philippines.

Elle œuvre sur quatre volets distincts : les enfants des rues, les jeunes de la rue avec un handicap, les enfants des bidonvilles et les enfants chiffonniers de la décharge de Manille.

Fondée en 1998, la fondation n'a cessé de grandir depuis. Elle prend soin aujourd'hui de plus de 1500 enfants répartis dans 30 centres.

Depuis février 2017, une maison accueille aussi les personnes âgées abandonnées dans la rue.

L'abbé Matthieu Dauchez, ordonné prêtre en 2004, est incardiné dans le diocèse de Manille. Il s'est impliqué dès le début de l'œuvre et en est le directeur depuis 2011.

L'association ne vit que de dons. Son antenne française a été créée pour faire connaître et soutenir l'action entreprise :

« ANAK – Tnk »
8 rue des Réservoirs, 78000 Versailles – France
+33 1 39 51 08 79

www.anak-tnk.org

Préface

Le Père Matthieu Dauchez donne à l'Église et à l'humanité un précieux cadeau avec ce livre. La question qu'il soulève n'est pas nouvelle. Elle n'est pas non plus très originale pour lui. Dans un sens, l'histoire du monde a été façonnée par les diverses réponses données à cette question de Dieu face à la souffrance, tout particulièrement celle des personnes innocentes. Mais tandis que les théoriciens se débattent avec la question en faisant appel à des concepts et à la logique, le Père Matthieu, lui, prend un chemin qui est exclusivement chrétien : celui de l'incarnation. Faisant face au mystère de la souffrance, nous ne pouvons pas seulement théoriser. Nous devons rencontrer ces êtres humains qui ont été assaillis par la souffrance mais qui y ont trouvé Dieu. Nous écoutons leurs histoires. Nous racontons leurs histoires. La meilleure de toutes étant celle de Jésus, l'Innocent, qui a souffert dans les mains d'un monde cruel mais a achevé son histoire humaine par ses dernières paroles en Croix, mots de prières vers Dieu et mots de compassion pour les autres personnes souffrantes, dont sa propre Mère. Où est Dieu ? Dieu est là sur la Croix, dans l'homme Jésus qui aime purement et parfaitement dans la souffrance. Nous ne recherchons pas des théories, mais une personne vivante qui fut rendue parfaite par ce qu'elle a souffert. Ce fut une grande grâce d'être aux côtés du Pape François à Manille en 2015, lorsque les deux jeunes enfants Jun et Glizelle lui demandèrent en langue philippine: « Pourquoi Dieu permet-Il la souffrance des enfants ? » Glizelle fondit alors en larmes. Elle ne posa pas une question, elle pleura une question. Le pape François s'est alors tourné vers moi: « Pourquoi pleurait-elle ? Qu'a-t-elle dit ? » Lorsque le Pape comprit la question, il mit de côté le message qu'il avait préparé. Il admit alors humblement qu'il y a certaines questions qui ne sont pas seulement difficiles, mais qu'elles sont peut-être même sans réponses. Toutefois il ajouta que nous ne devions pas avoir peur de pleurer. Les larmes peuvent éclaircir nos yeux afin de voir Jésus. C'est l'un des thèmes favoris du Pape François. Mais j'ose ajouter que Jésus, qui a pleuré tant de fois de peine et peur, nous a vus, ainsi que notre condition humaine, plus clairement au travers de ses larmes. Sa souffrance l'a fait devenir un frère compatissant envers nous et le visage compatissant de Dieu envers l'humanité. Le Père Matthieu lit l'histoire des pauvres qu'il aime et qu'il sert à travers les larmes de Jésus. Et je suis convaincu que les larmes de souffrance des enfants lui permettent de voir Jésus plus proche. J'invite les lecteurs à aller à la rencontre de ceux qui ont tant souffert sans raison. Vous serez surpris de trouver en eux, les plus joyeux et inébranlables témoins de Dieu.

Merci Père Matthieu !

Luis Antonio G. Cardinal Tagle
Archevêque de Manille

Préambule

Le temps est plutôt maussade. Des nuages noirs surplombent le grand terrain de sport de l'université dominicaine et menacent l'imposante foule entassée devant la grande estrade que vient de rejoindre le pape François. Mais l'ambiance reste enthousiaste et enflammée. Il a tant désiré cette rencontre avec les jeunes des Philippines ! Les dizaines de milliers de personnes protégées de la pluie par leurs anoraks chantent à tue-tête des refrains rythmés et laissent retentir leur joie à intervalles réguliers, aux cris de « Papa Francisco ».

Glyzelle n'est pas près d'oublier ce dimanche 18 janvier 2015. Elle est assise sur la plate-forme principale, devant les évêques, et à quelques mètres seulement du souverain pontife. Elle le fixe des yeux avec émerveillement. Le temps qui s'écoule semble être irréel, comme un rêve qui va s'achever brutalement.

Dans quelques minutes, c'est elle, une jeune fille des rues de douze ans, secourue par la fondation ANAK-Tnk, qui posera une question au pape François. Elle a été choisie pour parler au nom de tous les enfants des rues de Manille et interpeller le Saint-Père.

Elle serre nerveusement le papier sur lequel est inscrite sa question. À force de les répéter, elle connaît ces phrases par cœur, mais Glyzelle ne peut s'empêcher de jeter régulièrement un petit regard furtif sur sa fiche pour se remémorer les précieux mots tandis que Jun, un autre jeune de la fondation, achève un témoignage émouvant sur son expérience de vie dans la rue : la mendicité pour survivre, la violence, les crimes, la prostitution et les abus… l'indifférence surtout. Avec ses mots d'enfant, Jun tente de décrire l'enfer qu'il a vécu sur les trottoirs de la capitale. Les gorges se nouent. Ses mots restent imparfaits pour exprimer la profondeur des blessures de son cœur, mais la puissance de son témoignage fait prendre conscience à tous de l'abomination d'une vie d'enfant de la rue.

C'est au tour de Glyzelle. L'acolyte en soutane blanche s'approche et lui tend le microphone.

– Je m'appelle Glyzelle, j'ai douze ans. J'habite à la fondation ANAK-Tnk.

Elle inspire profondément. La question qu'elle veut lui poser est si importante, mystérieuse et terrifiante à la fois. C'est la question du mal.

– Il y a de nombreux enfants qui sont négligés par leurs parents. Et beaucoup parmi eux deviennent victimes de choses terribles, comme la drogue ou la prostitution…

Glyzelle revit intérieurement tous ces moments où la peur l'a envahie alors qu'elle s'était réfugiée, avec sa sœur et son petit frère, dans les rues de Manille pour échapper à la violence familiale. Revenir sur les heures sombres de son histoire la prend aux tripes, elle sent l'émotion monter, mais il faut continuer.

– … Mais pourquoi Dieu permet-il cela ?…

Glyzelle ne retient plus ses larmes. C'est trop dur. Elle pense à tous ses compagnons d'infortune qui n'ont pas eu la chance d'être recueillis dans une fondation et continuent de se battre jour après jour pour survivre dans l'enfer de la capitale.

Les sanglots de cette petite fille bouleversent l'assemblée qui l'écoute dans un silence prodigieux. Le Saint-Père est très ému et pose un regard affectueux sur celle qui se fait le porte-parole de tous ces millions d'innocents, victimes de la méchanceté et de l'égoïsme de l'homme.

Jun, resté à ses côtés, lui donne une petite tape affectueuse pour l'encourager. Il faut aller au bout de la question.

– … Mais pourquoi Dieu permet-il cela alors que les enfants n'ont rien fait de mal ? Et pourquoi y a-t-il si peu de personnes qui nous viennent en aide ?

Les larmes continuent de couler tandis que Glyzelle replie son papier et le range dans sa poche. Il règne, sur l'esplanade, un silence saisissant et les centaines de milliers de personnes amassées devant la scène semblent attendre un dénouement, car la question – violente – reste comme suspendue dans les airs. Tout le monde retient son souffle. Les deux jeunes témoins s'avancent alors vers le Saint-Père qui, attendri par les mots des deux enfants, ne peut s'empêcher de les serrer contre son cœur, suscitant aussitôt un tonnerre d'applaudissements.

Cette scène émouvante fera le tour du monde et restera comme un symbole de la visite papale aux Philippines[1].

La question du mal est redoutable, terrifiante. Et posée par un enfant innocent, elle prend un relief vertigineux. Le Pape le sait. Il tend à son acolyte le papier sur lequel est imprimée l'homélie préparée pour l'occasion. Il n'en veut plus, car une telle question ne peut se satisfaire de formules banales, puis il demande l'autorisation aux jeunes assemblés devant lui, d'improviser sa méditation. Il s'adresse alors directement à Glyzelle :

– Tu as posé la seule question qui n'a pas de réponse.

Il existe un sentiment partagé par tous ceux qui se mettent au service des plus pauvres, celui de leur être grandement redevable, l'intuition manifeste que l'on reçoit d'eux, bien plus que tout ce qu'on leur apporte. C'est un mystère qui va assurément à l'encontre de toute logique humaine, mais c'est pourtant une réalité dont l'expérience ne fait jamais défaut.

Servir les plus pauvres signifie donc avant tout se mettre à leur école : apprendre d'eux, tendre l'oreille pour comprendre les exhortations silencieuses qu'ils nous donnent, ouvrir notre cœur pour chercher sans repos les perles de vie qu'ils nous offrent. Et en matière de souffrance ou de combat infatigable contre le mal, ils

1. On peut retrouver cette scène émouvante sur la chaîne Youtube de l'association ANAK-Tnk.

sont assurément les mieux placés pour être nos tuteurs et nos guides.

Il faut donc se parer du vêtement d'apprenti et laisser tomber notre attitude, trop souvent condescendante, qui consiste à donner – certes – mais en espérant une reconnaissance quasi-éternelle pour nos gestes pourtant insignifiants. La sainte de Calcutta répétait sans relâche qu'il faut donner jusqu'à en souffrir. Au service des plus pauvres, au service de ceux qui souffrent effectivement, ces quelques mots résonnent comme une exigence incontournable.

Les clés, pour comprendre le scandale du mal, se situent dans la main de celui qui mendie à notre porte, dans le regard de celui qui nous implore à la sortie de nos églises et au fond du cœur de celui qui agonise sur un lit d'hôpital.

Notre quête insatiable du bonheur est mystérieusement liée à cette souffrance que les plus pauvres subissent sans abdiquer. Les maîtres ce sont eux, les élèves c'est nous, sachons donc nous mettre à leur école…

Seigneur,
Prenez mon cœur, prenez mon âme.
Que mon cœur batte au rythme de votre Cœur.
Que mon regard soit celui que Vous poseriez ;
mes paroles, celles que Vous prononceriez ;
mon écoute celle que Vous auriez ;
mes gestes, ceux que Vous feriez.
Et qu'à jamais ce cœur à cœur

soit le digne reflet de l'amour immense
que vous avez daigné enfouir
dans mon âme d'enfant.
Mon Dieu, je vous aime.
Amen.

Chapitre 1

Plonger dans le mystère

« Au milieu du chemin de notre vie
je me retrouvai par une forêt obscure
car la voie droite était perdue. »

Dante
La Divine Comédie
Chant I, premiers vers

La question n'a pas de réponse.

Cette réplique du Saint-Père est audacieuse, et même un peu cinglante, mais décevante à la fois puisqu'elle semble couper court à tout débat. Faut-il donc refermer ce livre immédiatement pour ne pas perdre le temps précieux d'une réflexion qui, fatalement, ne mènera nulle part ? La tentation de capituler sur-le-champ est grande tant la tâche semble herculéenne, voire irréalisable.

Pourtant les innombrables larmes amères versées depuis la nuit des temps sur le scandale du mal ne peuvent se satisfaire d'un tel couperet. « Une voix dans Rama s'est fait entendre, des pleurs et une longue plainte : c'est Rachel qui pleure ses enfants et ne veut pas être consolée parce qu'ils ne sont plus. » (Mt 2,18).

Dire que notre monde est abîmé est un truisme, presque une lapalissade. On assiste impuissants à la multiplication d'attentats terroristes, aux méthodes de plus en plus lâches, à des tensions internationales exacerbées qui font craindre le pire, et plus pernicieux encore, à la déliquescence d'une société devenue tellement pleine de l'homme qu'elle est vide de Dieu. Le mal semble inexorablement victorieux.

Et lorsque ce triomphe maléfique porte atteinte aux enfants les plus innocents, cela devient insoutenable. L'association ANAK-Tnk œuvre en faveur des enfants les plus défavorisés de la capitale des Philippines ; nous sommes donc inévitablement confrontés à des situations révoltantes qui illustrent redoutablement bien la puissance inexorable et désespérante du mal.

L'affaire qui m'a sans nul doute le plus scandalisé ces dernières années fut le jour où nous avons dû intervenir après le viol d'un bébé de dix-huit mois, dans un bidonville. Un voisin sous l'emprise de l'alcool avait abusé d'une petite fille qui savait à peine marcher. Nous sentions une colère incontrôlable monter en nous et une tristesse profonde nous envahissait devant le potentiel morbide et destructeur dont l'homme est capable. Une petite vie innocente était brisée dès le berceau par un être abject qui s'était laissé infester par des pulsions perverses. Nous étions tétanisés par l'écœurement. Comment comprendre une telle abomination ? Comment soupçonner un tel niveau d'infamie ?

Or ces faits ignobles ne sont bien souvent que la partie émergée de l'iceberg. Les ecchymoses de leurs âmes blessées dissimulent une souffrance plus effroyable encore : le dard de la désespérance. Un de nos jeunes pensionnaires, enfant de la rue depuis son plus jeune âge, m'a fait un jour cette remarque bouleversante :

– Si mes parents ne viennent pas me voir, c'est certainement parce que je n'ai pas d'importance.

La larme silencieuse d'un enfant qui se voit refuser l'attention de ses propres parents – ceux-là mêmes qui doivent lui montrer le plus grand amour – est bien souvent le signe d'un tourment intérieur insupportable. « Une femme peut-elle oublier son nourrisson, ne plus avoir de tendresse pour le fils de ses entrailles ? Même si elle l'oubliait, moi, je ne t'oublierai pas » (Is 49, 15).

Le mal abîme profondément ces cœurs innocents au point de leur faire croire qu'ils ne sont plus capables d'amour. Une certaine résignation les accable alors. Ces victimes innocentes remuent peut-être, mais ne vivent pas. Elles mangent sans être rassasiées. Elles verrouillent leurs cœurs meurtris et se rendent hermétiques à toute forme d'espérance. Le rêve a laissé place au cauchemar. Il n'y a plus qu'un ciel sombre dont les épais nuages ne dissimulent même plus le soleil.

> « Vers toi je crie, et tu ne réponds pas ; je me tiens devant toi, et tu me fixes du regard ! Tu es devenu cruel pour moi, de ta poigne vigoureuse tu t'acharnes sur moi. Tu m'emportes sur le vent, tu m'y fais chevaucher, tu me dissous dans l'orage. Oui, je le sais, tu me ramènes à la mort, au rendez-vous de tout vivant. Pourtant on ne porte pas la main sur celui qui s'effondre, si, dans son malheur, il crie » (Jb 30,20-24).

Pourtant nous ne devons pas rester paralysés devant un tel constat car l'enjeu est de taille : il s'agit de savoir si le monde est absurde, si la vie a un sens, si Dieu est vraiment bon… ou s'Il existe tout simplement. La multitude d'ouvrages publiés sur la question montre à la fois l'intérêt qu'elle suscite, et l'impuissance des présomptueux qui s'y attaquent. Ces quelques pages viennent donc s'ajouter, sans illusion, à l'océan des orgueilleux qui croient naïvement ajouter une petite pierre à l'édifice.

Toutefois si ces quelques lignes d'introduction risquent de décourager notre lecteur, souhaitons qu'il garde encore l'inflexible espoir d'être nourri par les plus pauvres : les enfants des rues, les chiffonniers de la décharge, les familles des bidonvilles ; qu'il se laisse enseigner par tous ceux qui n'ont pas le luxe de spéculer sur le mal mais s'y confrontent avec violence chaque jour.

Il ne s'agit pas ici de percer un mystère qui nous dépasse mais d'y plonger avec eux. Ils sont nos maîtres, disions-nous en empruntant les mots de saint Vincent de Paul, soyons des disciples, ouvrant humblement nos cœurs aux enseignements héroïques qu'ils nous offrent. Nos mots les trahiront immanquablement, mais leurs exemples guideront notre réflexion. Ils sont la seule raison de ces pages.

Le mal est une question dont on veut bien débattre mais surtout ne pas combattre, car la souffrance qui lui est associée est bien souvent insupportable. Or les plus pauvres parmi les pauvres nous invitent à pénétrer les méandres du mal avec nos tripes, notre cœur… tout notre cœur.

> « Caïn dit à son frère Abel : « Allons dans les champs » et, alors qu'ils étaient dans les champs, il se jeta sur lui et le tua. L'Éternel dit à Caïn : "Où est ton frère Abel ?" Il répondit : "Je ne sais pas. Suis-je le gardien de mon frère ?" Dieu dit alors : "Qu'as-tu fait ? Le sang de ton frère crie de la terre jusqu'à moi" » (Gn 4,8-10).

Depuis ce crime originel, l'écho de cette question ne cesse de résonner dans nos âmes : suis-je le gardien de mon frère ? La réponse est oui, sans le moindre doute, mais ses conséquences entraînent un nombre prodigieux d'interrogations, reflet des enjeux que soulève cette question sempiternelle.

Une question universelle

Nos exemples sont tirés des situations ahurissantes que vivent les enfants dont l'association s'occupe, et dont la force du témoignage n'a d'égal que l'horreur de ce qu'ils subissent. Toutefois le mal est une question universelle, un fardeau qui n'épargne personne : souffrance, mort, incompréhension, scandale… Nos journaux regorgent, jusqu'à la nausée, de ces faits divers qui illustrent l'omniprésence du mal autour de nous. Il n'est pas nécessaire d'allumer notre téléviseur ou je ne sais quel magazine à sensation pour s'en convaincre, il suffit d'ouvrir les yeux.

> « Et ces dix-huit personnes tuées par la chute de la tour de Siloé, pensez-vous qu'elles étaient plus coupables que tous les autres habitants de Jérusalem ? » (Lc 13,4).

De l'épreuve de la maladie au mystère de la mort ou du simple conflit professionnel jusqu'au lourd secret de famille, nous faisons tous l'expérience déroutante de ces moments où le mal semble dominer. L'injustice triomphe et notre cœur crie à l'infamie. Nous ressentons la révolte jusqu'aux fonds de nos tripes. Et une question surgit naïvement : « Pourquoi moi ? » comme si la cruauté du mal subi nous faisait oublier son universalité.

Le mal touche tout le monde sans aucune exception ; de manière inégale indubitablement, mais il n'existe pas de vie sans souffrances et la mort reste bien le seul examen auquel nous sommes tous reçus.

C'est pourquoi la question du mal ne laisse personne indifférent et qu'elle passionne, intrigue et révolte depuis la nuit des temps. Même les plus convaincus des stoïciens, ou les plus obstinés des fatalistes ne réussissent pas à échapper à son mystère.

« La misère y paraît, c'est un truc terrible – disait Coluche dans un de ses sketches au ton volontairement piquant – La misère augmente énormément partout dans le monde. C'est bizarre, moi, j'me fous de tout ça. J'arrive pas à m'intéresser. Et y'a pire… j'ai pas honte ! » La provocation est recherchée, et l'effet obtenu. Mais c'est le même Coluche qui ne supporta pas de voir son prochain mourir de faim et fonda les « Restos du Cœur » qui nourrissent encore aujourd'hui des dizaines de milliers de personnes sans ressources. La question du mal est incontournable parce que voir souffrir un frère est déchirant et plus encore révoltant lorsqu'il s'agit des plus vulnérables ou des plus innocents.

La question est universelle et inéluctable, elle demeure pourtant irrésolue. Ces pages ne sont certainement pas le lieu de discourir sur les innombrables hypothèses qui entourent le mystère. Toutes les réponses sont insatisfaisantes : il y a ceux qui concluent à la hâte que Dieu n'existe pas ou ceux qui préfèrent profiter de la joute et l'accusent de cruauté. Il y a ceux qui se rassurent en brandissant la théorie du meilleur des mondes possibles ou ceux qui préfèrent encore la folie d'une création absurde. Dans tous les cas ils se confrontent immanquablement aux trois piliers inconciliables : la puissance de Dieu, l'amour de Dieu et l'existence du mal.

Comment, en effet, tenir ensemble ces trois propositions sans tomber dans le non-sens ? Si le mal existe, le Dieu d'amour ne peut que s'avouer impuissant, sinon cela signifie qu'il cache en Lui une part de cruauté qui anéantit alors toute prétention d'être ce Dieu d'amour.

Impasse.

> « Il faut que cela cesse, religieux, mes frères, les souffrances des enfants doivent prendre fin, levez-vous et prêchez[1]. »

Cette manière analytique d'étudier le mystère du mal est bien légitime et pourtant nos esprits assoiffés d'explications ne peuvent s'empêcher d'aspirer à plus grand, plus haut, plus beau. La violence du mal ne s'estompe pas à coups d'hypothèses, aussi brillantes et profondes soient-elles. Elle touche viscéralement notre être, à la raison la plus intime de notre existence. Notre âme a soif d'un absolu qui n'esquive assurément pas les obstacles de cette terrible question, mais les franchit avec la foi du centurion (Mt 8, 5-13), imprégnée de cet amour qui apparaît comme la seule fortification infrangible.

---

1. Fiodor Dostoïevski, *Les frères Karamazov*, Folio classique, Gallimard, 1973, p. 428.

C'est d'ailleurs bien là, dans cette citadelle assiégée, que se situe notre seule espérance car le mal fait aux plus innocents est insupportable. Je ne le supporte plus. Mes larmes ont coulé des centaines de fois. Et je dois l'avouer, elles coulent de plus en plus facilement devant la souffrance des tout-petits. Elles coulent pour Randy, enfant abandonné sur un marché de la ville, pour Noé qui a été tant battu qu'il en a perdu la raison, et aussi pour le jeune Dexter prostitué et loué au plus offrant. Elles ont tant coulé quand Darwin, malade, s'est éteint dans nos bras, ou quand Michaël trouva la mort, seul, sur les trottoirs de la ville. *Mais pourquoi Dieu permet-il cela ?* Tous ces drames ne sont cependant que l'amorce du naufrage intérieur que ces atrocités déclenchent.

Les éducateurs de la fondation ont retrouvé dans les rues de Manille un jeune enfant d'une dizaine d'années avec un léger handicap mental. Il semblait perdu, un peu craintif, et articulait difficilement quelques phrases.

Lorsqu'on lui demandait son nom, il souriait avec malice sans rien répondre et ouvrait simplement sa main en écartant ses cinq doigts. Les enfants n'ont donc pas tardé à le surnommer « Lima » qui désigne le nombre cinq en tagalog, langue des Philippines.

Lima n'a peut-être pas toutes les capacités intellectuelles d'un enfant de son âge, mais il est espiègle et très jovial. S'il a des difficultés à s'exprimer avec des phrases élaborées, il le fait avec ténacité par ses gestes, ses sourires et ses larmes. Ses éclats de rire fréquents sont contagieux et les enfants de la fondation l'ont très vite pris en affection.

C'est un enfant au cœur léger et qui garde toujours un beau sourire aux lèvres. Le seul moment où je vois son visage vraiment soucieux, c'est lorsqu'il me surprend en train de discuter avec quelqu'un au téléphone, il ouvre alors grands ses yeux qui semblent se remplir d'espérance et me pose cette question apparemment anodine mais pourtant si tragique et bouleversante : « Est-ce que c'est ma maman ? »

> « Brisé, écrasé, à bout de forces, mon cœur gronde et rugit. Seigneur, tout mon désir est devant Toi, et rien de ma plainte ne t'échappe. Le cœur me bat, ma force m'abandonne, et même la lumière de mes yeux » (Ps 37, 9-11).

La joie spontanée et authentique de Lima ne peut masquer le déchirement qu'il ressent d'être séparé de sa maman. Cette souffrance est la plus terrible. Nous voyons ainsi une différence évidente entre les enfants des bidonvilles et les enfants des rues. Les premiers vivent dans des conditions matérielles indescriptibles, souffrant bien souvent de la faim et n'ayant pas accès aux besoins les plus élémentaires. Néanmoins au cœur de cette misère matérielle, ils gardent un lien familial qui est souvent salvateur. Ils sont pauvres, mais aimés. Les enfants des rues, quant à eux, trouveront peut-être plus facilement de quoi manger en mendiant à la sortie d'un restaurant, mais la séparation d'avec leurs familles leur est comme le symptôme clair d'une malédiction qui semble s'abattre sur eux : ils ne se sentent pas dignes d'aimer, ni d'être aimés. Le rejet est plus destructeur que le dénuement, la solitude plus terrible que la misère, l'indifférence plus meurtrière que l'adversité.

Christopher et sa petite sœur Mylene sont des enfants négligés. Pour des raisons obscures, la maman ne voulait plus de ses progénitures et les a déposées, sans mot dire, chez un oncle et une tante qui se sont retrouvés devant le fait accompli avec deux bouches de plus à nourrir. Mais elles n'étaient pas les bienvenues et les nouveaux tuteurs, contraints, le leur faisait cruellement sentir. L'atmosphère était lourde, sans amour, sans tendresse. Mylene s'est fait une raison, Christopher, lui, s'est enfui préférant prendre le risque de la rue, plutôt que de subir l'injuste ressentiment.

Retrouvé par les éducateurs de la fondation quelques semaines plus tard sur un marché de la ville, le jeune garçon avait organisé sa survie et récupérait quelques pesos en prêtant main-forte à l'un ou l'autre marchands, et en tentant de revendre les légumes abîmés dont plus personne ne voulait. Il devait redoubler de prudence le soir pour éviter de se faire voler, pendant son sommeil, le petit pécule gagné dans la journée ou, plus redoutable encore, pour ne pas devenir la proie d'adultes aux intentions malsaines.

Encouragé par les éducateurs, Christopher a donc rejoint l'un des foyers de la fondation et, pourvu d'un caractère facile et gai, il s'est intégré sans difficulté au groupe d'enfants, très heureux d'accueillir un nouvel ami. Quelques semaines après son arrivée, il a pu retrouver les bancs de l'école et tente depuis avec acharnement de rattraper le retard scolaire qu'il a accumulé depuis toutes ces années parce que « lorsque je serai grand, nous a-t-il dit, je voudrais être pilote d'avion ».

Un matin, l'assistante sociale l'a emmené voir sa famille. Ces visites sont des moments très délicats car elles peuvent effectivement parfois apaiser des cœurs blessés, lorsque l'accueil est chaleureux; *a contrario* il y a toujours un risque d'intensifier la douleur si l'enfant éprouve à nouveau le rejet. Et lorsque Christopher revient il a effectivement le cœur lourd. Je m'approche alors de lui pour lui demander :

– Tu as l'air triste. Ça ne s'est pas bien passé ?

– Pas vraiment, me dit-il d'un ton sévère.

– Tu n'as pas vu ton oncle et ta tante ?

– Si, mais eux, c'est pas très important.

– Et Mylene ? lui demandai-je, sachant qu'elle était sans aucun doute la raison de son chagrin.

Son regard alors devient sombre et la voix s'étouffant dans des sanglots, il me dit :

– Justement. Elle était là, mais ils ne voulaient pas que je lui parle, et quand j'ai demandé si je pouvais prendre une photo avec elle, ils l'ont fait rentrer à l'intérieur de la maison. Alors on est partis.

De cette visite, Christopher espérait simplement une photographie avec sa petite sœur. Il n'imaginait pas de réconciliation miracle, ni de marques d'affection. Il ne s'était pas créé de faux espoirs car il savait qu'il n'y avait pas de place pour lui dans le cœur de sa tante, il voulait seulement rapporter une petite image de celle qui lui rappelle qu'il a, lui aussi, une famille, comme tous les autres enfants du monde. Christopher est revenu à la fondation le cœur lourd avec cette impression cruelle qu'on lui volait sa petite sœur.

Puis il se tourna vers moi et, les yeux encore mouillés de larmes, me demanda :

– Pourquoi ils ont fait ça ?

Je suis bien évidemment resté sans voix. Que pouvais-je donc dire ? De toutes les manières il n'attendait pas réellement d'explications. Aucune ne pouvait l'apaiser. Je lui ai donc simplement dit :

– Je suis content que tu sois de retour. Tu nous as manqué.

Il me fixa du regard et voulut esquisser un petit sourire mais ses lèvres tremblotaient. Il me serra fortement dans ses bras et laissa couler silencieusement ses larmes.

Le paradoxe du mal

« Tu as posé la seule question qui n'a pas de réponse » a dit le pape François à la jeune Glyzelle. Il a raison, bien évidemment, car il serait effroyablement arrogant de prétendre apporter la moindre lueur d'éclaircissement aux ténèbres abyssales du mal. Mais la formule ne peut toutefois nous satisfaire car la souffrance des plus-petits enjoint avec fermeté, si ce n'est une réponse, au moins une parole, un réconfort, une consolation.

Finalement le problème du mal est un vrai paradoxe car il nous contraint à le traiter sans laisser espérer de solution. Il exige notre riposte sans permettre le combat. C'est une ascension sans sommet, un pèlerinage sans cathédrale… un mystère. Mais la petite étincelle d'espérance, encore perceptible dans les yeux de Lima ou dans l'affection de Christopher nous met en demeure. Et si les enfants eux-mêmes nous offraient quelques lumières sur ce déroutant mystère ? Il faut donc se mettre en marche, aveuglément, mais avec confiance. Les enfants des rues, les familles des bidonvilles et les chiffonniers de Manille nous devancent. Ce sont les guides dont nous avons besoin.

> « Et moi, à lui : “Poète, je te prie
> par ce Dieu que tu n’as pas connu,
> pour que je fuie ce mal et pire,
> que tu me mènes là où tu as dit,
> en sorte que je voie la porte
> de Saint Pierre
> et ceux que tu décris si emplis de tristesse.”
> Alors il s’ébranla, et je suivis ses pas. »
>
> Dante
> *La Divine Comédie*
> Chant I, derniers vers

Chapitre 2

Profondeur du mal

> « Sera-t-il dit qu'il y aura des fronts si courbés qu'ils ne se relèveront jamais.
> Et des reins si rompus qu'ils ne se redresseront jamais. [...]
> Et des âmes si flétries que jamais elles ne redeviendront pures. »

Charles Péguy
Le mystère des saints innocents

Il faut, pour le moins, entrevoir la profondeur abyssale du mal qui est fait aux enfants pour mesurer avec justesse la grandeur et l'héroïsme des réponses qu'ils donnent. C'est un enfant rongé par la colère qui me l'a fait comprendre.

La journée était très ordinaire. Les enfants venaient de terminer les cours et profitaient d'un temps libre bien mérité. Certains jouaient au basket-ball tandis que d'autres aidaient les « mamans » du foyer à préparer le dîner. La pénombre du soir commençait tout juste à s'installer, lorsqu'on sonna avec insistance à la porte. Un éducateur alla voir immédiatement.

Quelques minutes après il revint en hâte et s'approcha de moi. Il semblait préoccupé.

– Mon Père, c'est Edgar qui vous demande à l'entrée. Allez-y vite, il n'a pas l'air d'aller bien.

Edgar est un habitué de la fondation. C'est un jeune garçon d'une douzaine d'années, petit en taille mais plutôt costaud, le visage profondément marqué, malgré son jeune âge. Il a fait beaucoup d'allers-retours entre la rue et le foyer car il a du mal à se stabiliser. Cette fragilité est la conséquence des nombreux abus subis depuis qu'il est tout-petit. Son père, impliqué dans un trafic de drogue, comme revendeur mais aussi consommateur, s'est toujours servi de son fils comme exutoire de son tempérament irascible et la violence est devenue banale en famille.

Au fur et à mesure des années, Edgar a appris à survivre par lui-même en triant les ordures d'un grand magasin. Il a constitué ainsi un petit pécule qui lui permet d'acheter de quoi se nourrir. Souvent il rapporte quelques pesos à la maison espérant ainsi apaiser le courroux paternel, mais l'enfant est rarement épargné par un père esclave de sa drogue.

Devant le centre, je trouvais effectivement Edgar dans un état de fureur impressionnant. Il pleurait à chaudes larmes, et son corps tout entier semblait crispé. Il ne restait pas en place et piétinait de colère en serrant fortement ses poings comme s'il s'apprêtait à cogner un adversaire invisible. Le regard noir et les sourcils froncés, il fulminait.

Nous savons par expérience que dans un tel état, l'enfant ne retrouve pas d'emblée son calme. À la foudre de sa rage, il vaut mieux opposer la douceur et rétorquer par une présence silencieuse au tonnerre de sa fureur. Je m'assis donc sur le trottoir en le fixant simplement du regard.

Pendant quelques minutes il fit les cent pas devant moi marmonnant des mots dont je ne pouvais saisir le sens, car il ne desserrait pas les dents. S'il faisait semblant d'ignorer ma présence, il jetait toutefois de temps en temps un coup d'œil discret dans ma direction pour vérifier que je restais bien là. Je lui fis signe alors de venir s'asseoir à côté de moi. Il fit mine d'hésiter, puis s'exécuta.

J'évitais toutefois d'aborder trop directement les raisons de sa colère pour empêcher qu'il ne se braque.

– As-tu mal quelque part ? Montre-moi, que je regarde si c'est grave.

Sans dire un mot, Edgar montra l'arrière de son bras. Il y avait une grosse ecchymose. Puis, toujours en silence, il souleva le côté de son t-shirt et toucha délicatement du doigt ses côtes. Il n'y avait aucune trace de blessures, mais cela semblait très douloureux car il laissa ensuite retomber son vêtement avec une grande précaution, comme si le simple contact du tissu et de la peau était déjà un vrai supplice. Il avait certainement reçu un coup violent sur le torse.

– Tu veux qu'on aille voir le médecin ? lui demandai-je.

Il fit non de la tête, mais je sentais qu'il commençait à se calmer. Je restais volontairement en silence quelques minutes, demeurant simplement à ses côtés. Puis tout à coup, gardant le regard tourné vers le sol, il me dit :

– Tu sais, je suis vraiment en colère.

– Oui, je le vois bien, lui dis-je aussitôt, saisissant l'opportunité pour entamer une discussion, ton papa t'a encore battu…

Edgar fixa son regard sur moi, comprenant que j'interprétais mal ce qu'il était en train de me dire.

– Mais je ne suis pas furieux contre papa. Je m'en fiche qu'il me frappe. Prendre des coups, je suis habitué maintenant.

Il s'arrêta un court instant pour reprendre sa respiration, car il ne pouvait retenir un sanglot et ses yeux s'imbibaient de grosses larmes.

– Non, je suis fou de colère contre maman, parce qu'elle était là pendant qu'il me tapait, mais elle n'a rien dit. Elle l'a laissé faire. Elle regardait, c'est tout…

Je restais sans voix. Le garçon, déjà bien trop éprouvé pour son jeune âge, levait le voile sur la réalité de sa souffrance : non pas celle, seulement extérieure, dont il aurait pu se lamenter légitimement, et à laquelle il opposait pourtant une vraie force de caractère, mélange de fierté et de résignation ; non pas cette souffrance du corps – pourtant bien réelle – mais plutôt celle du cœur, enfouie mais vicieuse, qui fait croire à l'enfant qu'il n'est pas digne d'aimer, ni d'être aimé. Supplice atroce, cruel, insoutenable. Gangrène de l'âme.

> « Mon Dieu, j'appelle tout le jour, et tu ne réponds pas ; même la nuit, je n'ai pas de repos » (Ps 22,1-2).

La colère d'Edgar corrobore dramatiquement le fait que le pire ennemi de l'amour n'est assurément pas la haine mais bien l'indifférence. La haine n'est-elle pas d'ailleurs souhaitable, voire nécessaire si l'on veut aimer en vérité ? Comment peut-on, en effet, prétendre aimer quelqu'un sans haïr d'une haine farouche ce qui lui nuit fondamentalement, c'est-à-dire le mal et le péché ?

Le plus terrible mal-être est, sans aucun doute, issu de l'indifférence, qui vide l'existence même de son sens. En tapant sur Edgar, son papa reconnaissait au moins qu'il était devant lui, objet de sa haine manifestement, mais bien là. Sa maman, au contraire, elle-même probablement tétanisée par la peur, l'a anéanti par son impassibilité.

L'amour d'une maman aurait dû braver tous les dangers pour protéger son fils, et la négligence maternelle a instillé un poison macabre au fond du cœur de son enfant : l'indifférence.

> « Ah ! Si l'on pouvait peser mon affliction, et sur la balance mettre aussi ma détresse ! » (Jb 6,2).

Enfant de la rue

La blessure la plus profonde n'est assurément pas celle du corps, pas même celle de l'esprit, mais bien celle de l'âme. Cela semble un lieu commun de dire cela, et ne minimise pourtant en rien la terrible puissance du mal physique ou moral que les enfants des rues subissent. De surcroît, c'est bien en saisissant l'atrocité de ce qu'ils souffrent dans leur chair que l'on prend humblement conscience de la réalité des stigmates intérieurs.

Il faut donc bien savoir de qui on parle lorsqu'on emploie le terme « enfant de la rue » car il y a différentes manières de comprendre cette dénomination. Nous avons l'habitude de distinguer trois groupes : il y a d'abord ces enfants qui sont envoyés par leurs parents dans les rues de la capitale pour mendier ou vendre à la sauvette journaux, cigarettes et bonbons ou ces petites fleurs blanches, au parfum très envoûtant, que l'on appelle des *sampaguitas*. Ils sont souvent déscolarisés et passent le plus clair de leur temps dans les rues, mais ils ont un toit et une famille. C'est une misère matérielle qui ressemble beaucoup à celle des enfants des bidonvilles.

Le deuxième groupe, ce sont les enfants de familles qui n'ont plus de maison. Elles sont tellement pauvres qu'elles n'ont pas de quoi payer le montant du loyer mensuel racketté par les gangs, qui tiennent les bidonvilles, pour une petite masure. Elles n'ont alors d'autre choix que de trouver refuge sur les trottoirs. Elles restent toutefois unies dans l'adversité. Ce sont les familles de rue. Leurs enfants n'ont pas de toit, mais ils sont avec leurs parents.

La troisième catégorie d'enfants de la rue correspond à ceux qui ont coupé les liens avec leurs familles. Toujours pour des raisons graves – négligence, violences, abus sexuels… – ces enfants s'enfuient du foyer familial quand la jungle urbaine apparaît moins hostile que leurs propres familles. C'est à ces enfants que la fondation vient en aide car ils sont les plus vulnérables et les plus blessés.

Il n'est pas difficile de comprendre que ce dernier groupe vit un déchirement bien plus cruel que les deux premiers qui maintiennent le lien le plus vital : l'amour. L'enfant est capable de supporter n'importe quelle épreuve, tant qu'elle ne porte pas atteinte au plus essentiel : son cœur. Les raisons d'une fugue sont toujours dramatiques et l'enfant vit ce départ comme un refus d'amour. Il se voit réduit à un objet que l'on jette, un être à qui l'on refuse le droit d'aimer et d'être aimé.

Désespérance.

« La plus haute forme d'espérance, c'est le désespoir surmonté[1] », disait Georges Bernanos. Il faut donc savoir interpréter les circonstances et ne pas s'arrêter simplement à l'épreuve physique ou morale, aussi terrible soit-elle, afin de prendre clairement la mesure de l'abîme intérieur dans lequel le mal plonge ses victimes.

L'agonie

Le Mont des Oliviers en est l'illustration parfaite. La détresse du Christ n'est-elle pas, en effet, le paradigme de ce tourment ?

> « Il emmène avec lui Pierre, Jacques et Jean, et commence à ressentir frayeur et angoisse. Il leur dit : "Mon âme est triste à mourir. Restez ici et veillez." Allant un peu plus loin, il tombait à terre et priait pour que, s'il était possible, cette heure s'éloigne de lui » (Mc 14,33-35).

Jésus a fait une entrée triomphale à Jérusalem. Une foule importante s'était réunie pour acclamer le Messie. Mais lorsque les heures sombres de la Passion débutent, avec l'agonie du Christ quelque temps après, Il n'a plus personne à ses côtés. Même les fidèles d'entre les fidèles, ses apôtres, se sont endormis et Le laissent seul, dans un

1. Georges Bernanos, *La liberté pour quoi faire ?*, Pléiade, *Essais et écrits de combat,* tome II, 1995, p. 1262.

effroi intérieur indescriptible. Jésus s'unit alors mystérieusement à tous ceux qui sont plongés dans les méandres du mal.

Il est indéniable qu'Il partage réellement et intensément les souffrances physiques des hommes – le supplice de la croix étant réputé l'un des plus insoutenables – ainsi que les souffrances morales, plus terrifiantes encore, notamment lorsqu'Il voit tous ses proches l'abandonner. Mais plus insondable que ces plaies du corps et du cœur, Il porte à l'intime de son être la plus effroyable affliction : notre désolation. Il la porte, et la transforme. Il la porte et *nous* transforme.

La Passion du Christ commence par un cri angoissant au jardin des oliviers : « Mon âme est triste à en mourir » et s'achève par une parole si profonde sur le Mont du Golgotha : « J'ai soif »… Or tout le mouvement de l'un à l'autre contient mystérieusement la réponse la plus puissante au sempiternel problème du mal.

Entrons.

> « Et des voix si voilées que jamais elles ne redeviendront pures.
> Que jamais elles ne redeviendront jeunes.
> Et des regards si voilés que jamais ils ne redeviendront profonds.
> Et des voix si noyées de sanglots. […]

Et des âmes si perdues de détresse que jamais elles ne redeviendront jeunes.
Que jamais elles ne redeviendront enfants. »

Charles Péguy
Le mystère des saints innocents

Chapitre 3

Définir le mal

« En moi je ne vis plus,
et sans Dieu vivre ne puis ;
car sans lui et sans moi demeurer,
cette vie que sera-t-elle ?
Mille morts elle me vaudra,
puisque ma vie même j'espère,
mourant de ne pas mourir. »

Saint Jean de la Croix
Couplets de l'âme qui peine pour voir Dieu
premier couplet

La manière la plus simple de définir le mal, au risque de paraître un peu trop expéditif, est de dire qu'il est l'opposé du bien. Élémentaire apparemment, pourtant ces quelques mots disent déjà quelque chose de fondamental. En effet, le mal ne peut se définir que par rapport au bien, il ne se détermine que dans sa relation au bien. Sommaire donc, mais essentiel.

Il ne s'agit certes pas ici de faire un exposé théologique sur le mal, ni d'avoir la moindre ambition philosophique – d'autres s'y sont enlisés avec brio avant moi – mais il faut nécessairement poser quelques bases simples pour savoir où l'on s'aventure car le terrain est miné, le sujet si sensible. Et sans s'engager dans des distinctions approfondies, qui seraient néanmoins profitables, nous pourrions déterminer trois ensembles dont les enjeux et les conséquences diffèrent.

Il y a d'abord le mal physique, que je place à la racine du doute car il semble mettre en relief l'impuissance de Dieu. C'est le mal que l'homme subit, sans teneur morale. Un mal sans péché qui englobe tout ce qui pourrait se ranger derrière l'acception étendue du mot « malheur » : Le tsunami du 26 décembre 2004 au large de Sumatra, en est une douloureuse illustration, ou bien le fameux tremblement de terre de Lisbonne de 1755 qui a fait couler tant d'encre, inspirant notamment les terribles vers de Voltaire :

> « Direz-vous, en voyant cet amas de victimes :
> "Dieu s'est vengé, leur mort est le prix de leurs crimes ? »
> Quel crime, quelle faute ont commis ces enfants
> Sur le sein maternel écrasés et sanglants ?"[1] »

Mais plus largement, c'est aussi la maladie qui nous brise, l'insecte qui nous pique, l'intempérie qui détruit nos récoltes ou cette amertume qui nous prend les tripes sans raison apparente. Ce mal physique semble être l'argument ultime, le problème insoluble, l'aporie par excellence, celle qui alimente inexorablement le doute. Quelle puissance divine, en effet, se laisse ainsi déborder par un mal si absurde ?

De manière un peu binaire, nous pourrions immédiatement opposer au mal physique le mal moral, mais il est nécessaire de distinguer la faute de la peine. Le mal de la faute se situe, lui, au cœur du paradoxe, parce qu'il est le fruit d'un choix libre qui pourtant nous détruit et que l'on appelle le péché. C'est un mystère terrifiant car la nature blessée de l'homme se montre ainsi capable de préférer ce qui la détourne de sa fin ultime, le vrai bonheur. L'homme se prend à désirer le mal et à mépriser le bien. Paradoxal

1. « Poème sur le désastre de Lisbonne », 1756.

donc, mais bien réel. Nous en faisons quotidiennement la malheureuse expérience.

> « La lumière est venue dans le monde, et les hommes ont préféré les ténèbres à la lumière, parce que leurs œuvres étaient mauvaises. Celui qui fait le mal déteste la lumière » (Jn 3,19-20).

Pour finir il reste le mal de la peine, conséquence de cette faute abstruse, qui accentue inéluctablement le sentiment de scandale. En effet, si le pécheur est souvent lui-même victime de son propre péché, dont il subit les séquelles, tel le châtiment, il n'en demeure pas moins vrai que la faute atteint aussi très fréquemment des victimes innocentes. Elles n'ont rien fait, mais souffrent pourtant de la faute commise par autrui.

De toute évidence, le mystère du mal serait moins opaque si chacun ne devait s'en prendre qu'à soi-même. La souffrance ne serait alors que le prix à payer de nos offenses. Impitoyable, mais juste.

Pourtant la peine vient aussi accabler les plus purs, parfois même les anéantir. Personne n'est épargné. Et c'est bien souvent ce mal que les enfants des rues et des bidonvilles de Manille subissent violemment. L'innocence est écorchée, blessée, violée.

Injustice suprême.

Le mal est donc déconcertant car il se définit par une absence ou, pour être plus rigoureux, faudrait-il parler de privation car certaines absences ne sont pas un mal. Notre corps humain, par exemple, est outillé de bras et de jambes, mais il n'est pas pourvu d'ailes qui nous seraient pourtant bien utiles. Icare ne me contredirait pas, lui qui est mort après avoir volé trop près du soleil avec les ailes de cire que lui avait confectionnées son père Dédale, afin qu'il s'échappe du labyrinthe mythique. Toutefois le manque d'ailes n'est pas un mal pour nous car elles ne font pas partie de notre être, elles ne lui sont pas dues, en quelque sorte. En revanche la cécité est un mal puisque l'aveugle est privé de la vue à laquelle il a droit du fait qu'il est homme. Son intégrité est atteinte.

Le mal est donc intrinsèquement négatif. Il n'*est* pas – en soi – mais « accroché », dépendant de l'être qu'il dénature. Alfred de Musset emploie une formule toute simple qui résume très bien cette réflexion : « Le mal existe mais pas sans le bien, comme l'ombre existe, mais pas sans la lumière[2]. »

Le mal est donc la privation d'un bien dû. Il est « privation », et pourtant il *est.* On perçoit facilement le paradoxe au cœur même de la définition : le mal *est* privation, il *est* absence, mais il est bien là… et il fait mal ! Privation ne signifie pas néant, il existe donc, effectivement, mais dans l'être uniquement. Le mal agit par le bien, il nuit au travers du bien. « La profondeur du mal se mesurera toujours au prix de l'être qu'il détruit[3]. »

2. Alfred de Musset, Lorenzaccio, Acte III, scène 3.

3. Charles Journet, *Le mal, essai théologique*, Desclée de Brouwer, Fribourg ,1962.

Réactions

Or il est fréquent de voir rebattu l'argument du mal pour affirmer l'inexistence de Dieu. C'est un lieu commun, avec ses corrélatifs inconciliables que nous avons déjà évoqués. Il semble en effet impossible de tenir ensemble les trois affirmations suivantes : Dieu est tout-puissant, Dieu est bon et le mal existe. La coexistence de deux propositions invalide la troisième et nous accule à refuser Dieu, ou bien à lui attribuer inéluctablement une part de cruauté.

Les deux réactions les plus opposées – en apparence du moins – sont l'illusion et la désespérance. Il y a ceux qui affirment sans sourciller que le mal n'est finalement qu'une illusion et qu'il n'existe pas réellement. Quelle impudence ! Comment oser avancer une telle ineptie face à des personnes en souffrance ? La perte d'un enfant, la maladie qui ronge, la blessure morbide de l'abus, ou encore l'indifférence si dévastatrice… Entendre que le mal est illusoire est tout bonnement insupportable.

Plonger dans la désespérance semble moins insensé pour ceux qui, à la suite de Nietzsche, sont ébranlés par le non-sens inouï qui semble imprégner toute réflexion sur le mal. « Ce qui soulève l'indignation face à la souffrance – dit le philosophe allemand – ce n'est pas la souffrance elle-même mais son absurdité[4]. » Mais un système qui repose sur l'absurdité du monde s'autodétruit ; par

4. Friedrich NIETZSCHE, *Généalogie de la morale*, II.7.

conséquent, refuser Dieu en son nom, n'est-ce pas précisément tomber dans le piège pernicieux du mal ?

Nous devons résolument nous opposer à ces conclusions qui ressemblent à des capitulations devant le mystère, car non seulement les enfants des rues, des bidonvilles et de la décharge souffrent vraiment – ce n'est pas une illusion – mais en outre les réactions héroïques qu'ils montrent exigent de nous un refus catégorique de l'absurdité.

L'enfer des gangs

Manille est une jungle urbaine et ses codes sont impitoyables. Un enfant livré à lui-même dans les rues de la capitale philippine doit apprendre à survivre et les gangs deviennent bien souvent un refuge inévitable qui, sous couvert de solidarité, cache un système pervers de soumission, sorte d'esclavage moderne.

Arnel en a tôt fait la douloureuse expérience. Il n'avait pas encore douze ans quand il fut embrigadé dans le gang des « *Batang City Jail* », littéralement « *Enfants de la prison* ». En échange d'une protection sur leur territoire, Arnel devait exécuter toutes sortes d'ordres, aveuglément et sans discuter. Après un rite d'initiation musclé, le jeune garçon fut tatoué sur l'épaule et la cuisse. S'apparentant à une ferrade, son corps portait désormais, de manière permanente, l'emblème du gang et un numéro afin de l'identifier facilement. Ce tatouage était le signe de sa loyauté. Il fallait le tenir en grande estime, presque le vénérer. Hors de question qu'un imprudent lui manque de respect car il pourrait le payer de sa vie. Cette marque indélébile sur sa peau était un rempart et un piège à la fois, un bouclier autant qu'un joug. Il le protégeait certes, mais l'enchaînait aussi car cette incorporation avait un prix, celui de sa liberté. Si on intègre un gang, on ne doit plus le quitter quelles que soient les exigences.

Arnel l'a réalisé lorsque ses compagnons d'infortune se mirent à lui imposer des missions qui heurtaient violemment sa conscience. Tant qu'il s'agissait d'effectuer des petits larcins ou de servir de mule pour passer des sachets de drogue, le jeune garçon acceptait sans trop se poser de questions, mais lorsqu'il fallut abattre un rival gênant, il pressentit qu'une ligne rouge allait être franchie et comprit vite qu'il devait absolument stopper cet engrenage machiavélique. Il fallait coûte que coûte s'extirper des griffes du gang, s'enfuir, disparaître en dépit d'un risque évident de représailles. Arnel trouva donc refuge à la fondation.

Mais plus héroïque encore fut pour lui de demander résolument de faire effacer son tatouage de gang. Le jeune garçon était bien conscient qu'il commettait ainsi l'impardonnable et que les protecteurs d'hier deviendraient ses pires ennemis. Mais au mal clairement identifié, Arnel opposait son immense désir de liberté, le choix irrévocable du bien. Il nous édifia profondément et montrait ainsi, avec détermination, son aspiration à changer radicalement de vie.

> « C'est pour que nous soyons libres que le Christ nous a libérés. Alors tenez bon, ne vous mettez pas de nouveau sous le joug de l'esclavage » (Ga 5,1).

Le mal est la privation d'un bien dû. Une définition simple et rigoureuse mais paradoxale à la fois car elle semble vouloir lier intimement des antinomies : le mal et le bien, l'être et le néant.

« Je pleurerai ma mort désormais
et me lamenterai sur ma vie
en tant qu'elle est encombrée
par mes péchés.
Ô mon Dieu ! quand sera-ce
quand donc dirai-je pour de vrai :
je vis maintenant de ne pas mourir. »

Saint Jean de la Croix
Couplets de l'âme qui peine pour voir Dieu
Dernier couplet

Chapitre 4

Noblesse des larmes

« Les larmes quelquefois montent aux yeux
comme d'une source,
elles sont de la brume sur des lacs,
un trouble du jour intérieur,
une eau que la peine a salée. »

Philippe Jaccottet
À la lumière d'hiver

Une définition du mal, aussi affinée soit-elle, doit toujours rester l'esquisse humble d'un mystère qui nous dépasse absolument. On ne devise pas sur le mal devant une personne qui souffre, sans commettre une forme d'outrage. Dès lors, je veux bien comprendre le mal comme un manque ou une négation, pourvu d'une existence exclusivement privative, c'est-à-dire décrit dans des termes qui suggèrent, non pas l'inexistence, mais le fait que le mal ne tient pas sans le bien. J'accueille volontiers ce raisonnement dans le strict cadre d'une spéculation intellectuelle. Toutefois si cette définition satisfait mes neurones, elle ne peut apaiser ni mon cœur, ni mon âme.

« Aucun motif qu'on puisse me donner pour compenser une larme d'enfant – disait la philosophe Simone Weil – ne peut me faire accepter cette larme[1]. » Le mal touche quelque chose de si profond et de si fondamental dans notre être qu'une explication intellectuelle ne peut apaiser l'inquiétude qui nous saisit devant ce mystère. Cela ne relève évidemment pas uniquement de mots. C'est

1. Simone WEIL, *La pesanteur et la grâce,* Plon, 1988, p. 90.

pourquoi une définition, aussi savante soit-elle, ne peut suffire.

Les larmes expriment bien souvent la sensibilité de nos âmes de manière plus intense que de longues phrases élaborées et réfléchies. Elles sont un langage fascinant qui lève le voile sur des profondeurs que nos esprits prétendument subtils soupçonnent à peine. Ces petites perles, à l'éclat discret, qui coulent en silence le long d'un visage en souffrance sont à la fois le reflet d'une peine insondable et les prémices d'une guérison intérieure. Rien n'est pire finalement qu'un tourment enfoui, dissimulé derrière un visage fermé. Rien n'est plus tragique qu'un silence solitaire. Les larmes libèrent et apaisent. Elles se laissent glisser doucement et emportent avec elle le venin du ressentiment et de la colère que l'on ne sait pas évacuer par les mots. « Les larmes sont le sang de l'âme[2]. »

Elles sont donc le miroir de nos afflictions, c'est évident, mais peuvent aussi dire notre joie quand nous devenons les témoins de résurrections : Jeremy réconcilié avec sa famille, Reynald, orphelin ayant grandi à la fondation qui vient nous présenter son nouveau-né, Rommel qui nous appelle fièrement pour nous dire qu'il a trouvé un emploi stable, ou encore Franshelle rentrant triomphalement de l'école avec les félicitations de son professeur.

D'autres larmes accompagnent aussi souvent nos éclats de rire, objectivement difficiles à contenir lorsqu'on

2. Saint Augustin, *Sermon CCCLI.*

entend les réflexions innocentes et spontanées de certains enfants. J'ai, par exemple, surpris un jour une discussion très sérieuse sur la vie après la mort, entre deux jeunes pensionnaires du centre d'accueil. Le premier, visiblement bien informé, décrivait avec conviction ce que seraient leurs vies dans l'Au-delà :

– Tu verras, le paradis, c'est génial, parce que les ballons de baskets rebondissent super bien là-haut.

Et sentant bien qu'il faisait naître chez son camarade un réel enthousiasme, il continua d'un air docte :

– Le seul problème, tu vois, c'est qu'il faut des nuages vachement durs pour le terrain et à cause de ça, il paraît que Jésus, il s'arrache les cheveux…

La démonstration était cohérente et la conclusion imparable. Le disciple semblait boire les paroles de son maître. Quant à moi, il me fallut faire un effort colossal pour réprimer un fou rire pourtant bien légitime.

Le travail auprès des enfants des rues de Manille est assurément fait d'extrêmes car nous sommes les témoins des pires situations, mais heureusement nous assistons aussi à des scènes, comme celle-là, pleines de fraîcheur et d'innocence, qui deviennent pour nous de vrais remparts contre le découragement.

Les larmes sont donc parfois de vraies pépites de vie au fond des cœurs de ces enfants. Elles sont alors l'expression discrète d'un bonheur authentique qui réconforte et réjouit franchement. Malheureusement, il faut avouer qu'elles manifestent plus souvent l'arrière-goût amer de leur tourment intérieur. Les larmes d'Edgar en sont une triste illustration.

« Les larmes disent des secrets que la parole ne peut dire[3] » écrivait Ernest Hello. Finalement, ces perles silencieuses sont donc, peut-être, la seule réponse vraiment décente au mal odieux que subissent les plus innocents.

Le mal *est*. Il est peut-être absence ou privation, mais il *est*… et il est surtout insupportable.

À Manille, les enfants font les expériences les plus terribles et les plus inimaginables. La violence est banale, les exactions et les disparitions d'enfants, ordinaires. Les enfants sont numérotés comme du bétail et intégrés dans des gangs, dont les meneurs sans scrupule les asservissent, en leur fournissant notamment de la drogue. Ils sont aussi souvent initiés à la prostitution, fléau inouï dont les ravages au fond des cœurs des enfants sont indescriptibles.

Les victimes perdues, prostrées plongent dans une solitude intérieure dont on ne mesure pas la puissance morbide. Comment en effet décrire cette prison psychique dans laquelle elles se sentent enfermées à vie ? C'est une plongée sans fond dans la désespérance qui explique malheureusement pourquoi certains enfants, désabusés, se laissent parfois inconsciemment piéger par des pédophiles cyniques et obscènes, dont l'emprise psychologique est machiavélique.

3. Ernest Hello, *Paroles de Dieu*, Éditions Perrin & Cie 1899, p. 210.

Découragement

Défendre les enfants contre les abus est donc un combat que l'on doit mener avec acharnement car ils sont des proies trop faciles, mais il faut avouer que ce défi s'apparente bien souvent au treizième travail d'Hercule. En effet, le problème de la prostitution ou de l'exploitation des enfants est endémique, et s'il est plutôt bien identifié par les autorités, il reste toutefois largement sous-estimé. La plus grosse difficulté que nous rencontrons, c'est la médiocrité des réponses à ce fléau, souvent teintées de mauvaise volonté, voire de complaisance écœurante.

Nous avons mentionné les larmes évocatrices avec la citation d'Ernest Hello et les larmes de souffrance avec celle de Simone Weil. Il existe aussi les larmes de découragement.

En janvier 2012, nous avons mis sur pied, avec la Police nationale philippine, une opération visant à arrêter un prédateur pédophile qui avait fait près de quinze victimes, en attirant chez lui des enfants qui rentraient de l'école. Son mode opératoire était diaboliquement rudimentaire : il demandait un service tout simple à un enfant qui, évidemment, acceptait sans se méfier. Solliciter de l'aide pour porter un sac de sa voiture, par exemple, ou simplement demander un renseignement anodin étaient le genre d'excuses qui lui permettaient de prétendre ensuite vouloir récompenser l'enfant afin de l'attirer dans un piège.

Grâce à une victime courageuse, venue se confier aux éducateurs de la fondation, nous avons été avertis de l'ampleur du ravage. Le rendez-vous fixé le soir même par le prédateur à sa proie, nous donnait une occasion idéale pour agir vite.

La police a pu intervenir, et procéder à son arrestation en flagrant délit, à l'intérieur d'une chambre d'hôtel, où il venait de faire entrer le jeune qu'il comptait bien exploiter à des fins perverses.

En voyant le sinistre gars sortir menotté du bâtiment, j'éprouvais des sentiments confus : à la fois une colère difficile à contenir et un soulagement réel. Le cauchemar semblait prendre fin. La menace était écartée et les enfants seraient désormais protégés de ce pervers.

Nous avons ensuite été amenés au poste de police afin de procéder aux démarches administratives habituelles et déposer notre plainte de manière formelle. Puis nous devions être présentés devant le procureur pour attester des faits. Escortée par les assistantes sociales de la fondation, une dizaine de jeunes victimes, dont le garçon qui avait permis l'arrestation du pédophile, me suivit jusqu'au tribunal. L'atmosphère était paradoxalement plutôt enjouée et les jeunes plaisantaient beaucoup entre eux, peut-être pour exorciser ce moment difficile ou la gêne évidente, mais certainement aussi parce qu'ils ne réalisaient pas fondamentalement la gravité de notre démarche.

Arrivés dans un bâtiment sombre et froid, éclairé lugubrement par quelques néons blancs, nous fûmes invités à entrer dans un petit bureau où trois officiers de police attendaient avec l'accusé, emmitouflé dans un sweat-shirt, dont il avait rabattu la capuche pour dissimuler son visage. Les enfants s'entassèrent dans la petite pièce, en se pelotonnant dans un coin pour être le plus loin possible du pédophile dont la présence suscitait un malaise évident.

La scène qui suivit fut affligeante, même révoltante, et j'en garde un souvenir amer. Le procureur entra avec un visage fermé, comme s'il voulait éviter tout dialogue, puis il s'assit directement à son bureau sans s'étonner du grand nombre d'enfants ayant envahi son officine, ni même leur jeter le moindre regard. Il fouilla dans l'imposant dossier déposé devant lui, et sans lever le nez, demanda :

– Où est la victime ?

Je répondis aussitôt :

– Ce sont tous les jeunes qui sont devant vous, Monsieur. Ils devraient être plus nombreux mais certains sont…

– Non, je veux dire celui de l'hôtel ? demanda sèchement le procureur en relevant la tête.

Le jeune en question s'approcha.

– C'est moi, Monsieur.

Puis le dialogue surréaliste continua :

– Qu'est-ce que t'a fait l'accusé ?

– Il m'a emmené dans une chambre d'hôtel.

– Oui d'accord, ça je le sais, mais a-t-il fait quelque chose de mal ?

– Il n'a pas eu le temps, Monsieur le procureur, puisque la police est arrivée à temps. Mais il voulait avoir une relation sexuelle avec moi, comme il l'a déjà fait avec mes amis ces derniers mois. C'est ce qu'il m'a dit.

Le fonctionnaire ne semblait pas réellement préoccupé de la réponse et plongea de nouveau le regard dans ses papiers. Je sentais, avec inquiétude, que l'échange ne prenait pas la tournure attendue.

Il reprit, sans détourner les yeux de ses notes :

– Donc il ne t'a rien fait. Dans ce cas, je vais devoir relâcher l'accusé pour un complément d'enquête.

Et sans ajouter la moindre parole à l'attention des victimes, il mit brusquement fin à l'audience :

– Au suivant.

Dictatorial.

Tout s'effondrait à cause d'une décision à la va-vite. La peine des victimes, les efforts des éducateurs, l'acharnement des assistantes sociales, tout était réduit à néant à cause d'un fonctionnaire désinvolte ou peut-être véreux. Et c'était aussi sans prendre en compte le danger inouï qu'il y avait de remettre un prédateur sexuel en liberté.

Je protestais immédiatement :

– Mais, Monsieur, l'accusé a été arrêté en flagrant délit !

– Au suivant, répéta-t-il sèchement, coupant court à toute discussion.

Il fit un petit signe impérieux de la main qui invitait tout le monde à vider les lieux. L'audience était close.

Je n'en croyais ni mes yeux, ni mes oreilles. Le procureur, probablement corrompu par la famille du pédophile, allait relâcher dans la nature celui qui avait déjà fait tant de victimes et en ferait tant d'autres, sans le moindre doute. Mes protestations n'eurent aucun effet et nous sommes ressortis en silence du tribunal, abattus.

L'atmosphère était devenue très lourde. Les jeunes sentaient bien le dégoût que je ressentais car je ne disais plus un mot, le visage blême et le regard vitreux, choqué par l'absurdité de la scène que nous venions de vivre.

Comment se battre si la justice elle-même se plaçait du côté des méchants ? Comment défendre les enfants sans l'appui de ceux qui ont les rênes du pouvoir ? L'argent pouvait-il être plus fort que la loi ? Les victimes innocentes n'avaient-elles pas droit au respect ? Leur souffrance était ignorée, leur dignité méprisée. J'étais écœuré, désabusé.

Je sentais mon ventre se nouer et les larmes monter. Je fis signe alors aux assistantes sociales de raccompagner les enfants à la fondation, et je trouvais un prétexte quelconque pour rester en arrière du groupe, car je ne voulais surtout pas qu'ils me voient craquer. Ils commencèrent à s'éloigner, et je fondis aussitôt en larmes, assis sur le bord du trottoir, complètement dépité. C'était comme si le découragement s'emparait de tout mon être et envahissait mon cœur.

Les enfants avaient cependant compris ma parade et, me voyant pleurer à chaudes larmes, ils revinrent un par un, m'entourèrent affectueusement et pleurèrent avec moi. Les accablés devinrent mes consolateurs. Puis ils dirent d'eux-mêmes qu'une bataille perdue ne signifiait pas la fin de la guerre et promirent, d'un seul cœur, de toujours se battre avec acharnement à nos côtés pour défendre leurs frères et sœurs de la fondation. Certains m'avouèrent quelques jours après, que mes larmes leur avaient fait prendre conscience de la gravité du moment.

> « Il est des choses que l'on ne voit qu'avec des yeux qui ont pleuré » (Cardinal Veuillot).

Le mal espérait nous mettre à terre, mais notre unité n'en était au contraire que plus solide, notre lien plus fort, notre détermination plus intense. Nos larmes avaient mystérieusement fait surgir une forme de paix dans nos cœurs. Les enfants étaient debout, plus résolus que jamais à ne pas se résigner à l'intolérable.

Sainte haine

J'aimerais donc pousser ici un cri de haine, un saint cri de haine : n'acceptons pas… l'inacceptable ! Il faut haïr le mal d'une haine farouche par amour passionné du bien !

La compassion et la miséricorde du Bon Dieu ne doivent pas devenir de fausses excuses complaisantes envers le mal. C'est en se montrant intraitable avec le péché que l'on peut devenir effectivement compatissant avec le pécheur. Aimer le bien, c'est être avant tout inflexible avec le mal. « La crainte du Seigneur, c'est la haine du mal. Je hais l'orgueil, l'arrogance, le chemin du mal et la bouche perverse » (Pv 8,13). On se souvient, non sans une certaine gêne, de la colère du Christ qui, en entrant dans le temple de Jérusalem, chassa avec un fouet tous les marchands qui étaient présents. Et pourtant il faut bien admettre que ce fouet est sans le moindre doute évangélique, charitable même !

> « Dans le Temple, il trouva installés les marchands de bœufs, de brebis et de colombes, et les changeurs. Il fit un fouet avec des cordes, et les chassa tous du Temple, ainsi que les brebis et les bœufs ; il jeta

> par terre la monnaie des changeurs, renversa leurs comptoirs, et dit aux marchands de colombes : “Enlevez cela d’ici. Cessez de faire de la maison de mon Père une maison de commerce.” Ses disciples se rappelèrent qu’il est écrit : “L’amour de ta maison fera mon tourment” » (Jn 2,14-17).

Le dernier verset confirme, sans conteste, que l’amour est l’unique source de cette nécessaire démonstration de force. Dieu est un Dieu d’amour ; un amour vrai, fort, exigeant. Il n’est donc pas un Dieu mielleux dont les bons sentiments apparents cachent un cœur insipide. Il n’est pas le Dieu de Marcion, ce Dieu si aseptisé qu’il ne s’offense même plus du mal, mais plutôt ce Dieu qui, sans retenue, traite l’apôtre Pierre de Satan lorsqu’il s’oppose au plan divin (Mt 16,22-23), puis lui offre son pardon avec la fameuse question, posée très solennellement par trois fois, en réponse aux trois reniements : « Pierre, m’aimes-tu ? » (Jn 21,15-17). En vérité, Dieu est un Dieu d’amour.

La colère peut donc aussi être la preuve d’un amour extraordinaire, puisqu’elle est l’expression du refus impitoyable du mal. Certes la colère n’est pas le propre de Dieu, comme peuvent l’être l’amour et la miséricorde, mais elle est toutefois manifestement un attribut de sa bonté. Le Père Guy Gilbert s’amuse, dans ses témoignages, à parler de « droite évangélique ». Et bien, lorsqu’on s’acharne à défendre les victimes les plus innocentes, il faut avouer qu’il y a, effectivement, un certain nombre de ces crochets que l’on aimerait largement distribuer… en toute charité !

La tirade est un peu sarcastique, mais dit quelque chose de profond : pour être sainte, notre colère doit être imprégnée d'amour. Victor de Laprade, dans ses poèmes évangéliques, a des vers saisissants sur la colère, celle de Dieu et celle des hommes :

> « Ah ! même en servant Dieu, que la colère est rude !
> Ah ! qu'elle laisse au cœur de sombre lassitude ;
> Qu'il est dur de mêler l'anathème à ses chants,
> Et qu'on souffre à frapper, même sur les méchants !
> Ah ! malheur au mortel investi de la lyre,
> S'il la garde montée au ton de la satire,
> S'il lance l'ironie et le mépris par choix,
> S'il s'arme enfin du fouet plus d'une seule fois !
> Sois doux et patient, même à l'heure où nous sommes ;
> Demande à Dieu pardon d'avoir maudit les hommes ;
> Pour frapper sans pécher il faut pouvoir guérir ;
> Il faut, comme Jésus, aimer jusqu'à mourir. »

Voici donc, de nouveau, ce premier appel que nous lancent les enfants des rues de Manille : Haïssons le mal d'une haine farouche par amour passionné du bien !

Un deuxième appel, qui pourrait être compris comme son corollaire, lui fait immédiatement écho : crions notre colère vers Dieu. Crions-la de toutes nos forces. Que nos entrailles gémissent vers Lui sans réserves, que nos cœurs s'indignent et que nos prières le disent avec véhémence ! Que nos âmes se lamentent sans honte et que nos yeux pleurent !

Mais ne nous trompons pas, il ne s'agit aucunement de crier notre colère « *contre* » Dieu, mais bien « *vers* » Lui, ou, pour être plus précis, faudrait-il dire « *avec* » Lui. Gémir avec Lui, s'indigner avec Lui, se lamenter avec Lui et pleurer avec Lui… parce que Lui-même pleure avec nous.

Les « larmes de Dieu » sont un mystère déroutant. Les saintes Écritures rapportent deux moments où le Christ pleura, l'un plus solennel devant Jérusalem (Lc 19,41) et l'autre plus intime, lors de la mort de son ami Lazare (Jn 11,35). Si l'on se réfère à une traduction littérale, il faut lire dans ce dernier passage : « Jésus laissa couler ses larmes », suggérant ainsi, non pas des pleurs démonstratifs et volages, mais une émotion sereine qui se prolonge. Des pleurs qui ne sont pas l'expression d'une désespérance, mais au contraire un prélude à la résurrection ; en l'occurrence celle de Lazare.

Les larmes du Christ se mêlent à celles de Rachel qui pleurent ses enfants massacrés (Mt 2,18), à celles de Marie-Madeleine qui implore le pardon de ses péchés (Lc 7,36-50) ou à celles de saint Pierre qui regrette amèrement sa triple trahison (Lc 22,62). Mais elles se mêlent aussi, et surtout, aux nôtres : à nos larmes de dégoût et de révolte, à nos larmes d'affliction et d'amertume, à nos larmes de découragement et de souffrance.

Le mal *est*. Il est peut-être absence ou privation, mais il *est*… et il est surtout insupportable.

> « La seule grâce à demander aux dieux lointains,
> aux dieux muets, aveugles, détournés, à ces fuyards,

ne serait-elle pas que toute larme répandue
sur le visage proche
dans l'invisible terre fît germer
un blé inépuisable ? »

Philippe Jaccottet
À la lumière d'hiver

Chapitre 5

Pleurer… et se taire

« Si l'on chante un dieu
ce dieu vous rend son silence.
Nul de nous ne s'avance
que vers un dieu silencieux. »

Rainer Maria Rilke
Vergers

Lorsque, témoins impuissants des horreurs que subissent les enfants des rues, nous nous interrogeons sur la question du mal, après avoir épuisé tous nos mots dans la recherche d'une vaine explication, nous finissons par ne trouver dans nos âmes que le silence.

De ce fait, les larmes évoquées ne seraient-elles pas le porte-parole dépouillé de ce silence qui en dit bien plus que nos longues palabres, sans doute judicieuses, mais souvent stériles ? Et finalement, la réponse au terrifiant mystère du mal ne devrait-elle pas être dénuée de toute parole ?

Toutefois le silence est aussi le plus redoutable argument que l'on oppose à la bonté de Dieu ou à sa puissance. Comment souscrire, en effet, à l'idée d'un Dieu qui reste insensible et muet devant le scandale du mal ? Que penser d'un Dieu qui ne répond pas ? Un exemple particulièrement frappant, dans les saintes Écritures, est celui de Job, accablé par le malheur et pourtant convaincu de l'innocence de Dieu, mais qui n'obtient de Lui aucune explication (Jb 30,20). Les Psaumes, par-dessus tout, sont truffés de ces questionnements inquiets devant un Dieu absent : « Seigneur, ne garde pas le silence, ne sois pas immobile et muet. » (Ps 83,2) ; le plus troublant étant le psaume prié par le Christ lui-même sur la Croix, avec ces mots si tragiques et poignants à la fois du Fils vers le Père :

> « Mon Dieu, mon Dieu, pourquoi m'as-tu abandonné ?
> Le salut est loin de moi, loin des mots que je rugis.
> Mon Dieu, j'appelle tout le jour, et tu ne réponds pas ;
> même la nuit, je n'ai pas de repos » (Ps 22,2-3).

Par conséquent si le silence est la réponse la plus parfaite au mal, il ne s'agit évidemment pas d'un silence lâche ou indifférent, mais bien d'un silence qui porte en lui une redoutable riposte au désordre irréductible du mal, un silence tonitruant. Je dois accepter l'impuissance de mes mots face au plus grand scandale, reconnaître la vacuité de mes explications et me résigner à un mystère qui me dépasse, ou plus précisément encore, à un mystère qui me désarme !

Pleurer… et me taire.

Cela sonne un peu comme une capitulation ou tout au moins comme une retraite, mais n'en est rien, bien au contraire. C'est une soumission virile, une renonciation salutaire. Pourquoi m'étendre en explications vaines quand mon interlocuteur souffre ? La compassion est d'abord et avant tout une présence, non pas un long discours. « Parfois aucune explication n'est valable. La seule réaction est le silence… et les sacrements[1] ! » disait, avec justesse, Thomas Merton. Les enfants des

1. Thomas Merton, *Nul n'est une île*, Points Sagesses, Seuil, 1993, p. 84.

rues de Manille nous appelaient, tout à l'heure, à haïr le mal, ils nous encourageaient à crier notre colère vers Dieu, ils nous invitent maintenant au silence, non pas celui du vaincu, mais celui de l'apôtre, celui du guerrier. Un silence coriace, volontaire et obstiné dans son combat pour le bien.

> « À trop parler on n'évite pas le péché : qui tient sa langue est bien avisé » (Pv 10,19).

Présence silencieuse

La dengue est un problème de santé fréquemment rencontré sous les Tropiques, notamment aux Philippines. C'est une infection virale qui se communique par des moustiques infectés et qui peut devenir mortelle si la chute des plaquettes sanguines n'est pas enrayée.

La dengue hémorragique est la forme la plus dangereuse du virus, tout particulièrement pour les enfants. Malheureusement, chaque année, nous sommes confrontés à ce problème et parmi nos pensionnaires l'ayant attrapée par le passé, certains nous ont procuré, malgré eux, de grandes frayeurs.

Mary Joy est une petite fille de neuf ans, très joviale, dont le sourire est immuable et le rire communicatif. Elle a un caractère affirmé, et très avenant à la fois, ce qui fait qu'elle est naturellement appréciée par les autres enfants de la fondation. Elle a contracté la maladie en 2012, en pleine période de Noël, alors que l'épidémie semblait pourtant s'atténuer un peu dans la région.

Les premiers messages que je reçus de Joseph, notre infirmier étaient plutôt rassurants : « État stable », « On attend que les plaquettes remontent », « Elle devrait probablement sortir d'ici un jour ou deux »… Bref, un scénario apparemment habituel, nécessitant une simple surveillance médicale.

Lorsque je rejoignis l'hôpital pour enfants, au nord de Manille, l'ambiance était un peu étrange mêlant la joie des fêtes de fin d'année et cette atmosphère lourde, propre aux hôpitaux. Les guirlandes de toutes les couleurs, accrochées aux murs, tranchaient avec les mines sombres et inquiètes des parents qui veillaient sur leurs progénitures malades.

En entrant dans la chambre où était entassée une vingtaine de jeunes patients, je trouvai notre petite fille, endormie au fond de la pièce, sur un lit d'enfant sans barreau. L'infirmier de la fondation, à ses côtés, faisait le tri des nombreuses prescriptions données par le médecin de garde. Lorsqu'il tourna la tête vers moi, je remarquai aussitôt, aux traits tirés de son visage, que quelque chose n'allait pas.

– Mon Père, ils viennent d'apporter les derniers résultats. Ce n'est pas bon, les plaquettes chutent. Les médecins sont préoccupés.

– Je ne comprends pas, lui dis-je, je croyais que son état était stable…

– Il s'est subitement aggravé, sans raison, en début de matinée, me répondit-il. Il faut impérativement que son corps reprenne le dessus. On ne peut rien faire d'autre que prier très fort et espérer.

Il avait un petit tremblement dans sa voix qui trahissait son inquiétude. Je sentais l'angoisse me prendre les tripes et je regardais Mary-Joy avec anxiété. Elle entrouvrit les yeux et me fixa longuement sans dire un mot. L'expression si sérieuse de son visage me fit une impression glaciale. Elle semblait éreintée, sans force ni courage. Je m'assis à côté du lit et lui pris délicatement la main, en prenant garde de ne pas toucher la seringue de perfusion plantée sur le dessus de sa main, et maintenue par un gros sparadrap. Et tout en essayant de dissimuler tant bien que mal mon émotion, je lui demandai :

– Comment te sens-tu, Mary-Joy? Tu vas voir, ça va aller. Repose-toi bien, surtout, pour puiser l'énergie dont tu as besoin et tordre le cou de cette foutue dengue. Est-ce qu'il y a quoi que ce soit que je puisse faire pour t'aider?

Elle ne répondit rien et continuait de me regarder en silence. Je ne savais trop quoi dire devant ce petit être en souffrance, mais je m'évertuais pourtant à lui dire des paroles d'encouragements, espérant ainsi lui donner un peu de force, par la multiplication de mes mots, et briser la puissance inéluctable de cette maudite maladie. Mais je sentis une petite pression de sa main dans la mienne et, me fixant toujours du regard, elle esquissa sans un mot, un très léger sourire, donnant à son visage l'expression d'une grande douceur.

Je compris qu'il fallait simplement me taire; être là, à ses côtés, et me taire. C'est une présence qu'elle désirait, pas de longues tirades. Mary-Joy ferma les yeux, tout en tenant ma main, puis elle s'endormit alors que je laissais couler quelques larmes en silence.

Les éducateurs et les volontaires de la fondation se relayèrent à son chevet pendant plusieurs jours et Mary-Joy puisa dans cette atmosphère aimante la force de refouler la maladie. À notre immense soulagement, la fièvre la quitta enfin, les plaquettes remontèrent, et elle put de nouveau nous offrir son magnifique sourire, dénouement heureux d'une épreuve qui nous avait fait trembler. « Le seul langage que Dieu entende vraiment est le silence de l'amour[2]. »

Le silence peut sembler parfois impuissant, mais il existe une présence silencieuse dont émane au contraire une force étonnante, consolante. C'est un silence compatissant qui peut être bien plus éloquent que des mots bruyants, mais vides.

Le silence et Dieu

> « Le Seigneur dit : "Sors et tiens-toi sur la montagne devant le Seigneur, car il va passer." À l'approche du Seigneur, il y eut un ouragan, si fort et si violent qu'il fendait les montagnes et brisait les rochers, mais le Seigneur n'était pas dans l'ouragan ; et après l'ouragan, il y eut un tremblement de terre, mais le Seigneur n'était pas dans le tremblement de terre ; et après ce tremblement de terre, un feu, mais le Seigneur n'était pas dans ce feu ; et après ce feu, le murmure d'une brise légère. Aussitôt qu'il l'entendit, Élie se couvrit le visage avec son manteau, il sortit et se tint

2. Robert Sarah, *Dieu ou rien*, Fayard, 2015, p. 301.

à l'entrée de la caverne. Alors il entendit une voix qui disait : "Que fais-tu là, Élie ?" » (1 R 19, 11-13).

Dieu est l'ami du silence, disait la sainte en sari, dans le brouhaha de Calcutta, faisant remarquer combien la nature elle-même est imprégnée de cette délicatesse. Dieu ne se rencontre que dans le silence. N'est-ce pas d'ailleurs un préalable indispensable à toute prière authentique, ce cœur-à-Cœur avec Lui ? Les moines se retirent dans le calme d'une abbaye pour Le trouver, les ermites font de même, en se réfugiant dans la solitude. Et tous ceux qui font l'expérience bienfaisante d'un temps de retraite dans un monastère, savent qu'il faut quelques jours pour entrer réellement dans le silence. Il est ensuite exigeant d'y demeurer car c'est le lieu d'un vrai combat spirituel, mais les fruits qui découlent de cette paix intérieure sont innombrables et prodigieux.

On ne rejoint vraiment Dieu que dans le silence, c'est donc bien là que l'on doit chercher, avec obstination, la réponse au scandale du mal. Et pour entrer plus en profondeur dans ce mystère, il faut sans doute se mettre à l'écoute du silence le plus éloquent qui soit, celui du Christ sur la Croix. « Cette bouche à jamais muette, emplira le monde de son silence[3] », disait Gustave Thibon. Un des plus grands drames d'aujourd'hui, c'est probablement que nous n'écoutons plus le silence de Dieu.

3. Gustave Thibon, *Aux ailes de la lettre*, Éditions du Rocher, 2006, p. 47.

La contemplation survient lorsque les mots s'estompent. Le mystère du mal n'est pas une équation qui se résout à coups de raisonnements, aussi pertinents soient-ils. Il est donc impératif d'admettre l'impuissance de notre raison à percer ce mystère. Plus encore, il faut embrasser cette impuissance, l'accueillir résolument, car le propre du mystère n'est pas de s'opposer à notre raison, mais de la dépasser. Il ne s'agit plus de multiplier les hypothèses avec orgueil, mais de se laisser humblement guider par l'amour.

L'aboutissement de notre difficile quête se situe donc immanquablement au sommet du Golgotha. La réponse au mal est donnée sur la Croix par Celui-là même, pourtant parfaitement innocent, qui subit le plus infâme supplice. Le scandale du mal puise sa réponse dans le scandale de la Croix. Dès lors, notre réflexion doit devenir méditation.

> « Le langage de La Croix est folie pour ceux qui vont à leur perte, mais pour ceux qui vont vers leur salut, pour nous, il est puissance de Dieu » (1Co 1,18).

Le Verbe se tait, crucifié, et c'est ce silence qui nous offre les plus profondes clés de compréhension du mystère. Il ne s'agit pas de l'expliquer, ce qui sera de toute évidence le privilège de Dieu à la fin des temps, mais de l'accueillir.

En contemplant notre crucifix, ce corps nu, décharné, pendu au bois de la Croix, et cette tête légèrement inclinée sur le côté, qui semble tendre désespérément l'oreille vers un Ciel sourd à ses gémissements, nous sommes plongés au cœur d'un immense paradoxe qui mêle désolation, amour et silence.

> « Mais qui souffrait le plus à cette heure où le Christ jeta vers le Père ce cri auquel Dieu ne répond jamais ?, interroge encore Thibon, le Fils, cloué sur La Croix et sur son humanité, qui criait en vain vers le Ciel muet, ou le Père, exilé dans son ciel et dans sa divinité, qui ne pouvait répondre à son Fils[4] ? »

C'est au pied de la Croix, aux côtés de la Vierge Marie et du disciple bien-aimé, que nous pouvons puiser la réponse au plus grand mystère. *Juxta Crucem Tecum Stare*[5]. C'est à ce moment prodigieusement solennel que le Christ, innocence suprême, nous instruit sur le mal, sans toutefois ôter le voile. Son testament, sous forme de sept courtes paroles, nous est donné comme un ultime cadeau avant de pousser un dernier cri et de rendre l'âme. Ce sont les dernières paroles d'un mourant, avec toute la gravité que cela suppose, mais aussi les réponses de l'Innocent au mal injuste qu'il subit.

Prêtons donc une attention toute particulière à ces paroles, lueurs providentielles et précieuse escorte pour avancer plus avant dans notre exigeant pèlerinage.

---

4. Gustave Thibon, *L'ignorance étoilée*, Fayard, 1984

5. « Me tenir, avec toi, près de la Croix », verset de l'hymne marial *Stabat Mater*.

« Cet imperceptible échange
qui nous fait frémir,
devient l'héritage d'un ange
sans nous appartenir. »

Rainer Maria Rilke
Vergers

Chapitre 6

La permission du mal

« *O inæstimabilis dilectio caritatis : ut servum redimeres, Filium tradidisti !* »

« Imprévisible choix de ton amour : pour racheter l'esclave, tu livres le Fils ![1] »

Exultet

1. Traduction A.E.L.F.

Prononcée, telle une clé de voûte, à la neuvième heure, d'après les évangélistes saint Marc et saint Matthieu, celle, habituellement considérée comme la quatrième parole, est assurément la plus dramatique et la plus déconcertante. Nous y avons déjà fait référence en parlant du silence éloquent du Christ.

> « À partir de la sixième heure, l'obscurité se fit sur toute la terre jusqu'à la neuvième heure. Vers la neuvième heure, Jésus cria d'une voix forte : « Éli, Éli, lama sabactani ? », ce qui veut dire : « *Mon Dieu, mon Dieu, pourquoi m'as-tu abandonné ?* » (Mt 27,45-46).

Nous entrons ici dans le grand silence, un silence sans explication, justification ni excuse. Nous pensions obtenir de Dieu un exposé lumineux sur le mal, le pourquoi du comment. Mais au « pourquoi », le Christ répond seulement par le « comment ». Il n'explicite pas le mal, mais l'assume entièrement. Il ne dévoile pas *le* sens de la souffrance, mais lui donne *un* sens.

« Aux grands assauts du mal, disait le Cardinal Journet, il n'y a pas de solution hors de ce dialogue muet avec le Dieu d'amour[1]. »

Elie Wiesel, Prix Nobel de la paix, rapporte dans son petit ouvrage *La Nuit*, un témoignage glaçant sur le camp de la mort d'Auschwitz :

Eliezer n'a pas non plus totalement oublié Dieu.
Lors d'un appel, les prisonniers du camp sont obligés d'assister à une pendaison, spectacle habituel, ordinaire, n'éveillant en eux aucune sensibilité particulière. Seulement, parmi les condamnés se trouve cette fois un petit pipel de 12 ans qui, ne pesant pas assez lourd pour que le poids de son corps brise sa nuque, agonise lentement, « luttant entre la vie et la mort ». Eliezer, passant devant lui comme le veut le cérémonial, voit sa langue toujours rose, ses yeux toujours clairs et pleure.
« Derrière moi, j'entendis le même homme demander :
– Où donc est Dieu ?
Et je sentais en moi une voix qui lui répondait :
– Où Il est ? Le voici : il est pendu ici, à cette potence[2]. »

1. Charles Journet, *Le Mal, essai théologique,* Desclée de Brouwer, Fribourg, 1962, p. 63.

2. Elie Wiesel, *La Nuit*, Éditions de Minuit, 2007.

Le silence de Dieu ne signifie en aucun cas son absence, bien au contraire. Il se tait, mais il est là, présent, d'une manière mystérieuse dans cet enfant martyrisé… et nous pourrions appliquer cela aux enfants des rues de Manille. Le Christ est cet enfant allongé dans le caniveau, il est ce chiffonnier jeté aux ordures. Il est aussi celui qui est violenté par son père, méprisé par le passant ou violé par le pédophile. Jésus est Edgar blessé par l'indifférence de sa maman, ou Christopher attristé par la méchanceté gratuite de sa tante ; il est aussi Mary-Joy affaiblie par la maladie ou tous ceux qui goûtent au poison amer de la désespérance et peuvent hurler légitimement : « Pourquoi m'as-tu abandonné ? »

« L'amour ne voit pas avec les yeux mais avec l'âme[3] » disait, avec clairvoyance, le poète anglais William Shakespeare, car c'est bien d'amour dont il s'agit. Le silence oppressant, paralysé devant la souffrance, est devenu présence fortifiante, féconde.

Nous voici donc devant la délicate question de la permission du mal. Il ne s'agit évidemment pas ici de nous lancer dans une dissertation théologique périlleuse, mais les enjeux de cette controverse sont cruciaux pour notre pèlerinage, afin de ne pas baisser pavillon devant l'obstacle des trois piliers manifestement inconciliables.

Un Dieu d'amour ne peut évidemment pas créer, ni même simplement causer le mal de quelque manière que ce soit. Il est contradictoire d'envisager une telle

3. William Shakespeare, *Le Songe d'une nuit d'été*, Acte I, scène 1.

hypothèse, et absurde de la croire. Dès lors, immanquablement, cela signifie qu'Il « permet » le mal. Une telle assertion n'est pourtant pas suffisante et peut sonner comme une échappatoire maladroite. Il faut donc préciser que Dieu ne veut pas le mal – en aucun cas ! –, mais le permet toujours pour un plus grand bien. Et, au risque de déstabiliser un peu plus notre lecteur, nous pouvons surenchérir et affirmer, de surcroît, que c'est infailliblement une permission d'amour.

Voilà donc un mystère qui nous désarme, mais il faut tenir coûte que coûte que Dieu est, qu'Il est amour et qu'Il est tout-puissant. La permission du mal ne peut être bien interprétée que si elle est radicalement dissociée de toute volonté de mal, ce qui est intellectuellement difficile, mais absolument nécessaire. Notre raison tend naturellement à considérer une part de volonté dans toute permission mais il faut s'affranchir de cette inclination. Ce que Dieu veut, c'est un plus grand bien.

La souffrance ne disparaît pas ; le scandale du mal ne s'estompe pas non plus, et pourtant nous plongeons dans un mystère d'amour car si le mal n'existe qu'à travers le bien, ce dernier lui tord le cou en le dépouillant de sa puissance. Il ne le détruit pas, il le transfigure, ce qui est bien plus implacable.

« La lumière ne peut briller qu'en présence d'obscurité »[4] disait, le philosophe anglais Francis Bacon. Ce n'est plus le mal qui est objection de Dieu, mais Dieu,

4. *In order for the light to shine so brightly, the darkness must be present.*

au contraire, qui devient l'objection du mal ! Il ne le supprime pas, il l'invalide.

> « Nous proclamons un Messie crucifié, scandale pour les Juifs, folie pour les nations païennes. Mais pour ceux que Dieu appelle, qu'ils soient Juifs ou Grecs, ce Messie, ce Christ, est puissance de Dieu et sagesse de Dieu. Car ce qui est folie de Dieu est plus sage que les hommes, et ce qui est faiblesse de Dieu est plus fort que les hommes » (1Co 1, 23-25).

Innocence

Il y a parfois des images toutes simples qui restent à jamais ancrées dans nos mémoires. Le visage d'un nouveau-né, symbole de pureté, en fait indubitablement partie. Et lorsque de surcroît, il naît dans la petite masure d'un bidonville, entouré d'immondices et s'apprêtant, sans le savoir, à se débattre dans une misère inhumaine, ce souvenir s'imprègne alors de compassion. C'est une lueur dans les ténèbres.

Il m'est arrivé de visiter une jeune maman qui venait d'accoucher dans l'environnement répugnant de la grande décharge à ciel ouvert de Manille, où les chiffonniers s'affairent pour trouver leur subsistance dans les déchets des autres. Ce moment anodin semblait pourtant suspendu hors du temps, comme si le soleil lui-même s'arrêtait de tourner pour ne pas perturber la quiétude et la paix qui régnaient autour d'un petit être transpirant l'innocence.

Je pouvais lire dans les yeux de la jeune maman une immense fierté, et son sourire disait déjà toute sa joie, mais pas un mot ne sortait de sa bouche. La douceur avec laquelle elle caressait le front de son bébé, le petit bonnet qu'elle réajustait affectueusement, le regard qu'elle posait amoureusement, chacun de ses gestes était imprégné de tendresse. Quant au drap blanc, d'une propreté impeccable, sur lequel était délicatement déposé le bébé, il jurait franchement avec le milieu sordide du bidonville.

Le silence était évident, naturel. L'émotion était palpable. L'enfant exprimait par sa seule présence innocente toute la beauté du moment et nous donnait un sentiment d'éternité. Sa fragilité était à elle seule un hymne à la vie, une victoire éclatante mais sans le moindre bruit. Dans l'enfer d'une décharge où des milliers de familles ont trouvé refuge, un petit être âgé de quelques jours seulement se faisait messager d'espérance : un astre dans la nuit qui nous rappelle qu'il faut savoir goûter chaque instant, pour le rendre immortel.

Cri silencieux de l'amour.

L'antithèse sordide de cette scène attendrissante fut le jour où, à quelques centaines de mètres seulement, au beau milieu de la décharge, fut retrouvé un vieil homme sans vie qui avait été laissé-là, sans sépulture. Déchu parmi les déchets. Le plus poignant côtoyait le plus infâme. Comment pouvait-on être cruel au point de ne plus montrer le moindre respect pour un être humain ? Comment un cœur peut-il autant s'assécher et ne plus ressentir aucune pitié ?

Cri étouffé de la haine.

Les mots du Cardinal Journet, dans son remarquable essai sur le mal, prennent ici une dimension toute particulière : « Jusqu'à quelle profondeur Dieu nous demande-t-il de Lui faire confiance… de croire en son amour[5] ? » La permission du mal n'est pas simplement une belle proposition ou une démonstration théologique, elle est un principe d'amour qui nous secoue. Elle nous enjoint de toujours nous battre pour un plus grand bien et exige pour cela une détermination inébranlable.

Le mystère du mal nous désarme, mais ne nous paralyse pas pour autant; bien au contraire, il nous engage. C'est le mystère de la mort du grain qui donne l'épi, le mystère du péché qui réclame le pardon, le mystère de la Croix, scandale d'amour.

Le bien assiégé par le mal est un gémissement, qui fait dire à sainte Teresa de Calcutta : « J'ai découvert un paradoxe : si vous aimez jusqu'à en souffrir, il n'y a plus de souffrance, seulement plus d'amour. »

> « Amen, amen, je vous le dis : si le grain de blé tombé en terre ne meurt pas, il reste seul; mais s'il meurt, il porte beaucoup de fruit. Qui aime sa vie la perd; qui s'en détache en ce monde la gardera pour la vie éternelle. Si quelqu'un veut me servir, qu'il me suive; et là où moi je suis, là aussi sera mon serviteur. Si quelqu'un me sert, mon Père l'honorera. Maintenant mon âme est bouleversée.

5. Archive sonores de la Fondation Cardinal Journet, utilisée dans le documentaire *Charles Journet, le Cardinal funambule*, de Jean-Yves Fischback, Ana films, 2009.

Que vais-je dire ? “Père, sauve-moi de cette heure”? – Mais non ! C’est pour cela que je suis parvenu à cette heure-ci ! » (Jn 12,24-27).

Sacrifice

Oubli de soi, abnégation, sens du sacrifice… autant d’attributs auxquels tout le monde reconnaît une dignité indéniable. Il faut bien sûr comprendre ici cet altruisme radical dans son sens le plus noble, c’est-à-dire le don gratuit, un amour qui n’attend rien en retour. Il se situe donc à l’antipode du désintérêt, pétri d’indifférence, son adversaire le plus farouche.

Mais faire du don gratuit une étape incontournable de notre pèlerinage, n’est-ce pas un pas difficile à franchir ? D’une part une telle disposition d’esprit ne fait pas l’impasse de la douleur et semble du coup incompatible avec le bonheur. D’autre part les plus pauvres, déjà accablés par la misère, n’ont-ils pas légitimement droit à quelque compensation ? En d’autres termes, l’amour gratuit ne serait-il pas un luxe, la vertu de celui qui peut se le permettre ?

Et pourtant nos maîtres, les pauvres, nous précèdent une fois encore sur le chemin exigeant du bonheur et nous dévoilent cette clé infaillible. Du reste le mot « *sacrifice* », du latin *sacer facere*, ne signifie-t-il pas « *rendre sacré* » ? Et le bonheur n’est-il pas synonyme de béatitude ? Dès lors, voilà une quête qui réside tout simplement dans une ascension raide, mais exaltante, vers la sainteté.

Deux enfants déambulent sur la « Smokey Mountain », décharge à ciel ouvert de Manille.

Edgar dans la rue. Ironiquement, sur le carton qui l'abrite est inscrit en Tagalog « Ne pas piétiner ».

Le sourire d'Edgar après avoir trouvé refuge à la fondation ANAK-Tnk.

Prière au cimetière devant la tombe de la maman d'Erik.
« Chère maman Monika. Je te remercie de m'avoir donné la vie… »

« Sauvé par l'amour ». Les enfants de la fondation baignent dans une atmosphère familiale.

Les enfants qui trouvent refuge sur les trottoirs de la ville sont de plus en plus jeunes. La fondation a dû ouvrir des centres adaptés aux plus petits.

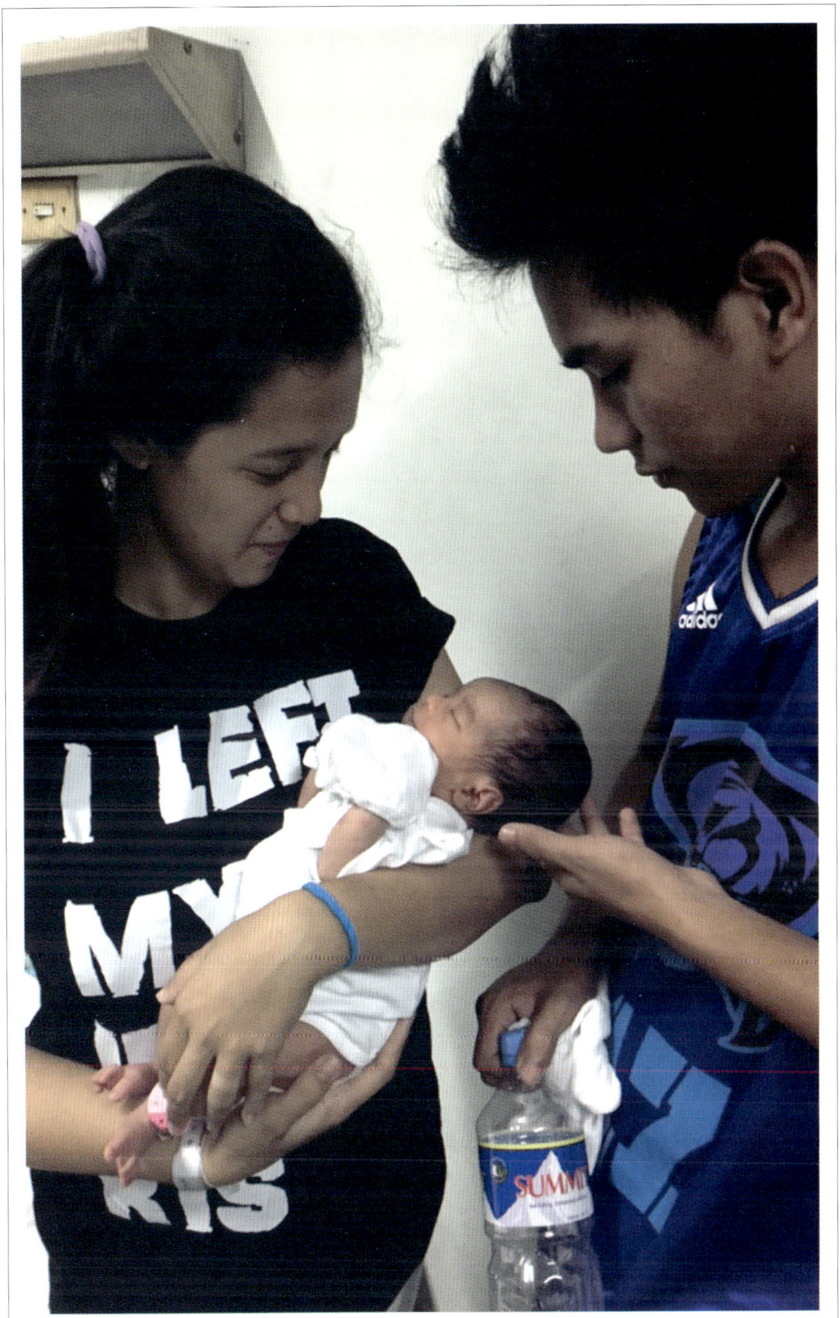

Ronald, orphelin devenu papa, émerveillé par son bébé.
Revanche d'amour.

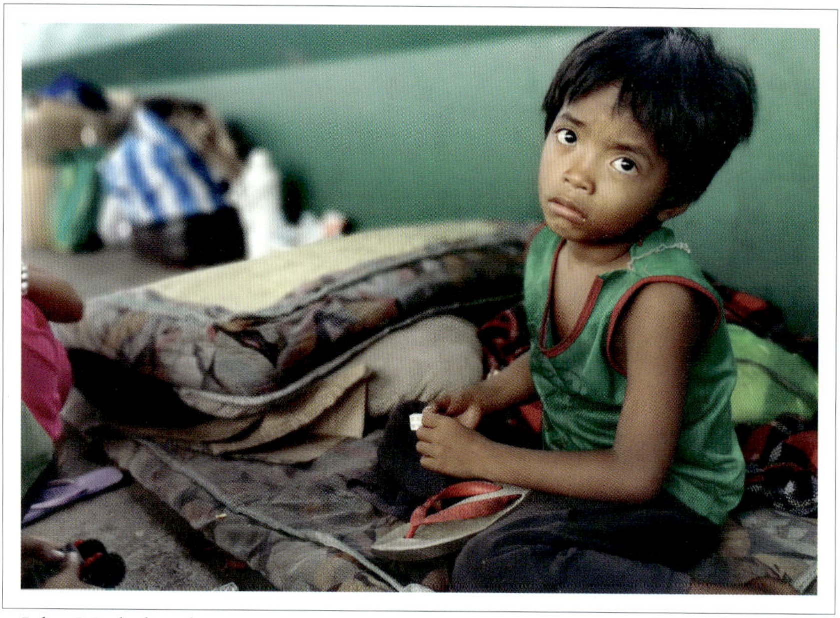

John-Mark dans la rue, avant d'être recueilli par la fondation.

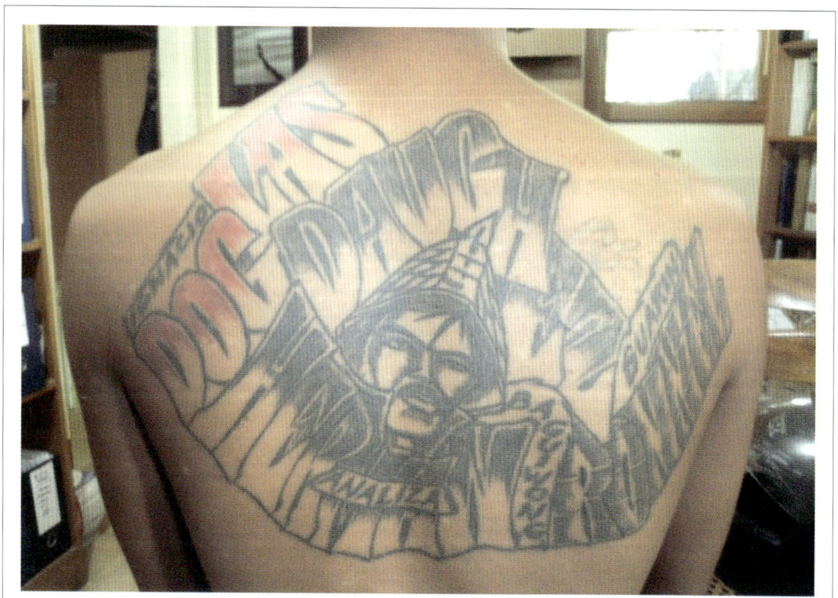

Les tatouages sont utilisés par les gangs comme signes d'appartenance. Ils sont aussi parfois des marques de gratitude comme ici ce jeune qui s'est fait tatouer dans le dos le nom de famille du Père Matthieu.

Image devenue symbole de la visite papale aux Philippines en 2015.
Le pape François embrasse Jun et Glyzelle, les deux enfants de la fondation qui viennent de poser la question du mal avant de fondre en larmes.

Temps d'adoration avec les enfants chiffonniers.
Ce cœur à cœur avec le Christ est un vrai lieu de guérison intérieure.

Dans la jungle de Manille, les règles peuvent être parfois cruelles. Les enfants en font souvent les frais : violence, gangs, abus, survie sont le quotidien de tous ceux qui n'ont d'autres refuges que les trottoirs de la capitale philippine. Mais les rues de la ville peuvent aussi être le théâtre d'une fraternité et d'une entraide saisissantes. Il n'est pas rare, en effet, de voir des familles sans ressource, venir pourtant partager les quelques pesos récupérés en triant les poubelles de la journée, pour payer les soins médicaux d'un voisin malade. Ou bien les chaînes humaines qui se constituent spontanément, lorsqu'il faut porter des seaux d'eau pour éteindre l'incendie qui s'est déclaré dans le bidonville d'à côté.

Il faut l'avouer, c'est bien souvent dans l'épreuve que cette gratuité spontanée reprend enfin ses droits. Notre nature corrompue par la tentation d'accumuler sans fin, se replie sur soi et oublie sa vocation la plus élémentaire : aimer et être aimé.

Les plus pauvres, quant à eux, si souvent esclaves involontaires de la misère, ne connaissent pas le luxe de l'égoïsme. Il faut survivre, et pour cela survivre ensemble. Le don gratuit est la condition inévitable de l'amour car sans lui, ce n'est plus de l'amour, juste un simulacre.

Or l'amour n'accepte pas de compromis, il est héroïque ou bien il n'est pas.

« *O felix culpa, quae talem ac tantum meruit habere Redemptorem* ! »

« Heureuse était la faute qui nous valut pareil Rédempteur ![6] »

Exultet

6. Traduction A.E.L.F.

Chapitre 7

Répondre au scandale

« Près de ton Cœur divin, j'oublie tout ce qui passe
Je ne redoute plus les craintes de la nuit
Ah ! donne-moi, Jésus, dans ce Cœur une place
Rien que pour aujourd'hui. »

Sainte Thérèse de l'Enfant Jésus
Mon Chant d'Aujourd'hui, strophe 7

L'une des plus terribles épreuves que j'eus à vivre au cours de ces dernières années, en mission auprès des enfants des rues de Manille, fut de voir s'éteindre dans mes bras le jeune Edwin, un garçon de douze ans, dont les médecins n'avaient pu enrayer l'infection foudroyante qu'il avait contractée quelques jours auparavant.

Avec quelques éducateurs de la fondation, nous étions à ses côtés à l'hôpital, à le veiller heure par heure, désespérément impuissants devant l'affaiblissement incontrôlable de son corps. Les médecins se relayaient à son chevet mais semblaient à court d'idées. Nous pouvions les voir converser longuement dans un coin de la pièce, mais la petite lueur d'espoir, que ces longues discussions faisaient naître, s'estompait dès qu'ils quittaient la chambre sans rien dire. Après une ultime tentative d'opération chirurgicale pour freiner l'inéluctable, j'avais été autorisé à rejoindre Edwin dans la salle de réanimation, où le jeune garçon était encore endormi, sous l'effet de l'anesthésie. Je tenais dans mes mains la poire de respiration qui me faisait la terrible impression que sa vie ne reposait plus que sur les pressions données à intervalles réguliers.

Edwin reprit conscience quelques instants, tourna son regard vers moi et me dit ces simples mots : « *J'ai soif* » puis referma ses paupières pour s'endormir à jamais.

Je n'ai pas vraiment prêté attention à sa demande sur le moment, puisque j'étais accablé par la tristesse de voir ce petit être nous quitter trop tôt. La mort d'un enfant nous rappelle toujours violemment la réalité du scandale du mal. Innocence fauchée sans raison. Et la révolte prend un relief encore plus démesuré, lorsque le mal s'acharne sur ceux-là mêmes que la misère a déjà étouffés depuis la plus tendre enfance…

Toutefois les mots du jeune garçon m'ont poursuivi. Je sentais bien qu'ils portaient une signification plus profonde qu'un besoin simplement corporel. Je me suis souvenu alors des mêmes mots prononcés par le Christ en Croix dont la tonalité résonne plus comme un appel qu'un désir. Edwin à son tour, à la suite du Pauvre, nous a offert par ses derniers mots une vraie leçon de vie : n'étanchez pas votre soif d'amour, ne laissez pas s'éteindre le feu de vos cœurs… Mais plus encore, il nous dit inconsciemment que la réponse au mal se situe là, dans les mots du Christ souffrant.

> « Après cela, sachant que tout, désormais, était achevé pour que l'Écriture s'accomplisse jusqu'au bout, Jésus dit : "*J'ai soif.*" Il y avait là un récipient plein d'une boisson vinaigrée. On fixa donc une éponge remplie de ce vinaigre à une branche d'hysope, et on l'approcha de sa bouche. Quand il eut pris le vinaigre, Jésus dit : "*Tout est accompli.*" Puis, inclinant la tête, il remit l'esprit » (Jn 19,28-30).

Ces deux paroles du Christ souffrant sont intimement liées, non pas seulement parce qu'elles sont dites quasi simultanément, mais aussi et surtout parce que la mission accomplie dont parle Jésus, est un achèvement d'amour. C'est justement parce que sa réponse à la haine de l'homme est une soif d'amour qu'Il peut dire « *Tout est accompli.* »

La réponse du Christ au plus redoutable mystère, est une réponse d'amour. Elle n'est pas une explication, mais un don… le don de Lui-même ! On ne répond donc pas au mal par une équation, puisque c'est un mystère qui nous dépasse. On y répond par une effusion… une effusion d'amour !

« *J'ai soif* »

Il ne s'agit plus désormais de rechercher stérilement une solution à un problème, mais de donner une réponse à un mystère. Comprendre cette nuance est capital pour continuer notre pèlerinage. Souvenons-nous de la réplique du Saint-Père à la jeune Glyzelle : « Tu as posé la seule question qui n'a pas de réponse ». Il la prend pourtant dans ses bras et lui donne ainsi la plus belle réponse… la compassion.

Répondre au mal, ce n'est pas multiplier les hypothèses ni s'étendre dans de longues palabres, censées apporter des clés de compréhension. Répondre au mal, c'est se relever, et lui tenir tête. Les Philippins sont connus pour être capables d'une résilience impressionnante. Elle est sans aucun doute une réponse puissante au mal.

Résilience

La résilience est avant tout une force morale, cette qualité qui permet d'affronter les épreuves avec une combativité surprenante. La manière avec laquelle les plus pauvres se relèvent après chaque infortune est en effet éblouissante. Que ce soit face aux tribulations d'une vie éprouvée par la misère matérielle ou celles, bien plus insoutenables, que sont les séquelles d'une existence blessée par les atrocités subies dans les rues ou les bidonvilles, les plus petits se montrent ici les plus grands.

La résilience est donc certainement l'une des leçons les plus déroutantes que nous offrent les pauvres. Déroutante parce qu'insaisissable. Les enfants des rues et des bidonvilles de Manille sont confrontés au pire, sans le moindre doute : violence, criminalité, drogue, abus, prostitution, indifférence, mépris… Ils font pourtant preuve d'un aplomb intérieur dont la source reste mystérieuse, mais dont l'impact est saisissant. Cette force d'âme imprégnée de vrai courage leur permet assurément d'encaisser les coups terribles qu'ils reçoivent et de garder ainsi la tête haute.

Il y a cependant deux écueils à éviter, deux pièges qui se font face. Le premier est de confondre résilience et résignation. Croire, d'une certaine manière que la disposition courageuse affichée par les plus pauvres dans l'épreuve, n'est qu'une carapace qu'il suffit de percer pour dévoiler un découragement proche de l'abattement. Bref, que cette supposée force, n'est finalement que faiblesse et que les atours du courage cachent en fait une abdication.

Or il faut réfuter cela avec fermeté, car l'expérience montre une vraie constance dans les réactions héroïques des plus pauvres, une opiniâtreté telle, qu'une dissimulation ne pourrait pas masquer bien longtemps. Force mystérieuse peut-être, mais bien réelle.

Un deuxième écueil, à l'opposé du premier, consiste à comprendre la résilience comme un pouvoir magique ou une grâce tellement surnaturelle qu'elle retire toute noblesse à cette force d'âme puisque les plus pauvres deviennent de simples récipiendaires d'un privilège quasi-divin. Or cette conception est une forme de dédain qui ignore la terrible réalité des souffrances qu'ils vivent. Ce que les enfants des rues et des bidonvilles de Manille endurent est à la limite du supportable, le poids de leurs croix est insoutenable. Il n'y a pas de plus grand mépris que d'aseptiser la réalité de leur douleur. Ils souffrent vraiment, et la profondeur des blessures de leurs cœurs est abyssale. Or c'est justement là que réside la beauté des réponses qu'ils donnent au mal, le caractère lumineux de leur résilience.

Les pauvres tombent mais ils se relèvent. Ils nous invitent à délaisser nos inquiétudes et nos découragements et nous exhortent à faire le pari de la confiance et de l'abandon. C'est une réponse au mal foudroyante, implacable, une réponse imprégnée d'amour.

> « Il n'y a pas de sainteté possible sans courage. »
> (Charles de Foucauld)

Erik est un jeune adolescent de quatorze ans, qui nous a donné beaucoup de fil à retordre. De petite stature, néanmoins bien bâti pour son âge, c'est un garçon qui sait se défendre, mais aime aussi provoquer. Il porte d'ailleurs sur son visage des cicatrices bien visibles, stigmates de quelques altercations violentes du passé. Sa colère intérieure est à fleur de peau et peut surgir à tout moment, légitime ou non. Erik est un volcan dont le sommeil est très léger. Toutefois cette ire mal contrôlée est bien compréhensible, puisque les années de sa courte vie ont été jalonnées d'épreuves. Abandonné par sa maman pour des raisons inconnues, alors qu'il n'avait que trois ans, Erik fut incorporé sans difficulté dans le groupe d'enfants de la fondation, espérant en secret que ce ne serait l'affaire que de quelques jours. Mais sa maman n'est jamais venue le chercher.

Le jeune garçon a donc grandi dans un foyer de la fondation, gardant au fond du cœur une douloureuse écharde, celle de l'incompréhension. Et au fur et à mesure qu'il grandissait, les « pourquoi » se multipliaient dans sa tête, aboutissant systématiquement à un silence intolérable, une impasse injustifiable. Les sentiments qu'il ressentait étaient confus, peut-être de la colère ou de la pitié, ou bien encore un ressentiment mêlé de désespoir.

Pour autant, il avait un désir si fort de retrouver sa maman qu'un jour, il quitta subitement le foyer, influencé par un aîné, pour rejoindre un groupe de rue, porteur d'une illusoire solidarité dans le malheur. Il avait en effet croisé, la veille, un jeune homme, membre d'un gang du centre-ville, qui traînait près de son école et qui l'avait fourvoyé en soufflant sur les braises de sa blessure.

– Hé, mon pote, ta maman, elle est dehors. Tu crois vraiment que c'est en restant dans les murs d'une fondation que tu vas pouvoir la retrouver ? Mais t'es trop naïf, toi. Viens avec nous, on va te la retrouver, nous…

Dans un gang, ceux qui recrutent savent diaboliquement manier le levier séducteur de l'espoir. Erik s'est laissé prendre dans son filet. Il est tombé dans le piège de la manipulation et ce fut une chute brutale : drogue, violence et abus devinrent son quotidien. Il fut même pris, pendant plusieurs mois, sous la coupe d'un pédophile qui imprima profondément en son cœur une blessure incurable : la profanation. Erik devint prostré. Son sourire avait disparu, son cœur s'était éteint.

L'obstination des éducateurs de la fondation parvint pourtant miraculeusement à ranimer une petite flamme d'espérance et, après quelques mois de discussion et d'encouragement, Erik fit enfin le pas exigeant de quitter la rue, son gang et ses compagnons d'infortune. Il regagna le centre d'accueil de la fondation et redécouvrit son atmosphère familiale. Ce fut une vraie résurrection : le jeune garçon reprit l'école, se fit des amis, des frères. Son sourire était revenu, franc et sincère.

L'obsession de retrouver sa maman ne l'avait cependant pas quitté et l'assistante sociale mit tout en œuvre pour obtenir des informations sur sa famille. Contre toute attente, elle arriva un matin avec la nouvelle incroyable : elle avait enfin découvert le bidonville où vivait la maman, aboutissement fructueux d'une longue et fastidieuse enquête. C'était inespéré.

Et pourtant, comme si le sort avait décidé de s'acharner honteusement sur le malheureux garçon, et quelques jours seulement avant les retrouvailles tant attendues, la maman fut la victime d'une rixe, comme il en arrive souvent dans les bidonvilles, conséquence de tensions incontrôlables dans ces quartiers surpeuplés et noyautés par les gangs. Elle fut poignardée mortellement par un rival qui disparut aussitôt dans la nature, sans laisser la moindre trace. Nous arrivions trop tard. Erik ne la reverrait pas. Après ces longues années d'attente, tout espoir s'effondrait en quelques minutes. Pourtant le jeune garçon montra une force d'âme inattendue à l'annonce du drame. Ses larmes coulèrent silencieusement, mais la tristesse ne laissait poindre aucune colère. Il demanda simplement de pouvoir aller prier devant la tombe de sa maman. Nous l'avons accompagné au cimetière de la ville et Erik lu avec émotion, des mots qu'il avait écrit pour celle qu'il aimait sans la connaître.

Voici ici retranscrits à la lettre, les phrases écrites par un enfant qui n'a jamais vraiment connu sa maman :

Chère Maman Monika,
Je te remercie de m'avoir donné la vie,
et merci aussi de m'avoir amené à la fondation Tulay ng Kabataan. Et merci à tous ceux qui se sont occupés de moi. Même si tu n'es pas à mes côtés, je suis heureux.
Je m'imagine juste que tu es là, à côté de moi. Voilà.
Je t'aime Maman Monika.

Quelques heures après, il me fit cette confidence :

– Je suis en paix aujourd'hui. Je lui ai dit ce que je voulais lui dire.

Puis il ajouta :

– Mon Père, prends bien soin de ta maman. Tu sais, c'est si précieux une maman.

La résilience est déconcertante car elle surgit dans l'épreuve comme un secours intérieur inattendu, un bouclier qui nous protège contre les flèches assassines de la désespérance. C'est une grâce assurément, qu'il faut savoir accueillir. Les plus pauvres sont peut-être acculés par la misère, mais ils savent ouvrir leurs cœurs à cette amorce de résurrection. Ils nous emboîtent le pas sur le dur chemin de la résilience, exigeant certes, mais précurseur d'espérance.

La question du mal semble être le plus terrible empêchement au bonheur. C'est l'énigme absolue, l'impasse intellectuelle, la question devant laquelle tout le monde abdique. Des plus grands philosophes aux plus brillants théologiens, pas une seule explication n'est satisfaisante. Les exposés se succèdent et se ressemblent : stériles devant un mystère qui nous ébranle car le mal fait mal et la multiplication de nos mots n'est que l'aveu de notre impuissance devant le plus grand scandale de l'histoire humaine. Nous voulons orgueilleusement maîtriser un fléau, mais devenons, en fait, inconsciemment ses esclaves.

Les plus pauvres, se débattant dans l'arène de la misère, sont sans cesse confrontés à cette lèpre du mal qui semble s'acharner sans raison. Expliquer le mal ne leur viendrait pas à l'idée puisqu'ils savent, par expérience, que ce n'est pas un concept qui s'étudie comme un sujet de dissertation philosophique, ou qui se dissèque comme un rat de laboratoire.

En revanche, par leurs exemples bien souvent héroïques, ils font sauter un verrou qui nous paralyse : l'obstination rationnelle. Vouloir à tout prix expliquer un mystère aussi déroutant nous engourdit dans la désespérance. Le monde esclave d'un mal qui le tyrannise apparaît soit cruel, soit absurde. Mais les pauvres, eux, ne cherchent pas à expliquer vainement le problème inexorable du mal, ils y répondent… et ainsi le désarment impitoyablement !

Exhortation

C'est un nouvel appel qu'ils nous lancent : ne nous tourmentons pas l'esprit à la recherche d'une explication, mais ranimons notre cœur en apportant une réponse ! La logique du mal est une logique redoutablement humaine, la violence appelle la violence, la haine produit la haine, la perversion entraîne l'avilissement. Escalade inéluctable.

La logique des plus pauvres, d'une noblesse prodigieuse, prend, quant à elle, le contre-pied. Ils se font instruments de pardon et de compassion pour casser l'engrenage du mal ; ils se font instruments de joie et d'amour, en multipliant les petits gestes, les sourires, et brisent ainsi l'indifférence. Ils baissent l'échine, certes, mais pour mieux élever leurs cœurs. Cette apparente faiblesse est leur force.

Invincible

> « Il suffit d'un oui pour transformer mes renoncements en sacrifices, et le mur deviendra terrasse, tremplin, temple. Ma souffrance n'a de valeur que celle que je lui donne, car elle est un mal en soi. Tout dépend de ce que j'en fais. Je puis la galvauder, je puis la consacrer[1]. »

Le monde est assurément aveugle, embourbé dans la loi du Talion, dont il ne parle plus, pour mieux l'appliquer. Finalement la plus grande victoire du mal n'est pas la souffrance qu'il inflige, mais son envoûtement et l'autodestruction qu'il engendre. Les enfants des rues et des bidonvilles de Manille ont tellement soif d'amour qu'ils cassent naturellement ce cycle infernal du mal et lui opposent une réponse foudroyante. Ils nous montrent le chemin le plus parfait du bonheur, une voie toute simple et finalement si naturelle : au mal, il faut répondre par l'amour.

Les actes les plus héroïques que les hommes ont faits par le passé sont tous imprégnés de cette maxime inscrite au plus profond de notre dignité humaine : aimer et être aimé. L'avons nous tellement enfouie aujourd'hui qu'elle nous semble désormais étrangère ou illusoire ? Sommes-nous devenus si ankylosés par l'individualisme ambiant, que notre cœur ne reconnaît plus sa vocation la plus belle ?

1. Suzanne Fouché, *Souffrance, école de vie*, Éditions Spes, Paris, 1933, p. 144.

« Seigneur, je veux te voir, sans voile, sans nuage,
Mais encore exilée, loin de toi, je languis
Qu'il ne me soit caché ton aimable Visage
Rien que pour aujourd'hui. »

Sainte Thérèse de l'Enfant Jésus
Mon Chant d'Aujourd'hui, strophe 13

Chapitre 8

Je veux être l'amour

Sœur Anne : « Voici notre Petit Roi redevenu aussi pauvre qu'à Bethléem. »
Lorsqu'on présente le Petit Roi à Blanche, elle sursaute et murmure les larmes aux yeux :
Sœur Blanche : « Oh ! qu'il est petit ! qu'il est faible !
Mère Marie : « Non ! qu'il est petit ! et qu'il est puissant ! »

Georges Bernanos
Dialogue des Carmélites
Quatrième tableau, scène v

La réponse divine au mal est une réponse silencieuse, celle de la Croix, à la fois Croix de scandale et Croix d'amour ou, pour être plus précis, faudrait-il dire Croix de scandale transfigurée en Croix d'amour. Les enfants sont l'innocence même – incontestablement – mais le Christ est l'innocence suprême. Or c'est bien au moment où le mal est commis sur l'innocence suprême que le Christ donne la réponse la plus foudroyante, son pardon.

« Dieu n'est pas venu supprimer la souffrance, disait Paul Claudel, il n'est pas venu l'expliquer, mais il est venu la remplir de sa présence. » La citation est limpide. Il faut faire le pas de l'abandon, pour ne pas rester stérilement paralysé dans le scandale. Et cet abandon ne signifie pas résignation. Souvenons-nous, en effet, que nous ne cherchons plus à résoudre une équation, mais à répondre au mystère, c'est-à-dire entendre un appel !

En acceptant cet abandon, nous ouvrons les yeux, avec émerveillement, sur l'incroyable beauté de la réponse opposée au mal qui, lui, ne perd pas pour autant son caractère ignoble et infâme. Nous découvrons la force des réponses puisées dans les profondeurs les plus héroïques de l'âme humaine : ce sont la compassion, la miséricorde, le pardon… toutes ces nobles ripostes au mal que les enfants des rues et des bidonvilles nous enseignent.

Au mal, une logique humaine veut répondre par le mal, tandis que la logique divine réplique par le pardon. Il ne faut donc pas expliquer le mal par des mots, mais répliquer par des actes, ce qui anéantit impitoyablement sa puissance maléfique et le désarme inexorablement. Le mal veut détruire, la réponse au mal fait grandir ; le mal veut venger, la réponse au mal pardonne. Le mal veut « tuer » Dieu par l'absurde, la réponse au mal le loue, par amour !

> « L'un des malfaiteurs suspendus en croix l'injuriait : "N'es-tu pas le Christ ? Sauve-toi toi-même, et nous aussi !" Mais l'autre lui fit de vifs reproches : "Tu ne crains donc pas Dieu ! Tu es pourtant un condamné, toi aussi ! Et puis, pour nous, c'est juste : après ce que nous avons fait, nous avons ce que nous méritons. Mais lui, il n'a rien fait de mal." Et il disait : "Jésus, souviens-toi de moi quand tu viendras dans ton Royaume." Jésus lui déclara : "Amen, je te le dis : aujourd'hui, avec moi, tu seras dans le Paradis." » (Lc 23,39-43)

La porte du Ciel semble s'ouvrir facilement lorsque l'amour désarme le mal. Cette deuxième parole du Christ, d'une déconcertante simplicité, est une réponse de tendresse qui jure avec l'agressivité du premier malfaiteur.

Simplicité

Il faut se laisser enseigner par les plus pauvres, avons-nous martelé. Il y a pourtant certaines leçons qui semblent évidentes. La simplicité en est une. Quel insensé se targue, en effet, de vouloir être compliqué ? La simplicité est assurément une qualité que tout le monde recherche, une forme de sincérité qui nous donne l'impression de retrouver une certaine innocence.

Mais paradoxalement acquérir une vraie simplicité est plus complexe qu'il n'y paraît, c'est un pèlerinage plus ardu que prévu. À l'instar de sa sœur jumelle, l'humilité, elle nous échappe au moment même où nous croyons orgueilleusement la détenir. Car la simplicité se cultive dans le terreau de la vérité. Ne parle-t-on pas d'ailleurs de duplicité au sujet de quelqu'un qui navigue dans les eaux troubles de l'hypocrisie ? Bref, la simplicité nous lance le défi difficile de l'authenticité.

Voilà donc une arme puissante, car manquer de simplicité risque de freiner péniblement notre quête. Et en la matière, les pauvres se montrent, ici encore, nos maîtres et guident notre apprentissage en deux étapes nécessaires : la simplicité extérieure puis celle, plus précieuse encore, intérieure.

Celui-là n'aura jamais assez à qui le nécessaire ne suffit pas, disait un saint[1]. La pauvreté matérielle – qu'il ne faut pas confondre avec la misère privant du minimum vital – a le mérite d'offrir une précieuse liberté. Notre monde au

1. Saint François de Sales, *Élévations, prières et pensées.*

contraire, dans sa course folle au matérialisme, s'asservit aveuglément à un besoin grandissant sans fin, un désir jamais assouvi, une soif inaltérable d'accumuler.

Une sobriété extérieure est donc un préambule nécessaire à la simplicité intérieure. Non pas qu'il faille se dépouiller comme un moine faisant vœu de pauvreté radicale, mais les richesses matérielles ne doivent pas annihiler notre liberté et toute forme de gâchis doit être absolument bannie. Alors seulement notre cœur s'ouvre à la simplicité intérieure qui entraîne avec elle tout un cortège de vertus symptomatiques du vrai bonheur : générosité, délicatesse, attention à l'autre, douceur, humilité...

Ceux qui visitent les foyers de la fondation sont bien souvent émus lorsqu'ils reçoivent des petits cadeaux de la part des enfants : un bracelet, un dessin. Ces derniers n'ont rien, mais veulent donner. Nous plongeons, une fois encore, dans le merveilleux paradoxe de l'amour : plus je donne, plus je peux donner. Plus j'aime, plus je suis capable d'aimer.

C'est tout simple !

Le Cardinal Luis-Antonio Tagle, archevêque de Manille, est connu pour sa simplicité et son amour des plus pauvres. Lors d'une visite à la fondation, il s'est amusé à demander à un groupe d'enfants assemblés devant lui, ce qu'ils aimeraient être quand ils seront adultes. Les plus jeunes se sont facilement prêtés au jeu et nombreux sont ceux qui se sont approchés de l'estrade pour répondre au Cardinal et partager leurs rêves devant les autres.

Le prélat tenait le microphone et écoutait avec attention chaque réponse. Nous ne saurions comptabiliser les garçons qui ont dit vouloir être policiers, ni les filles désirant être maîtresses d'école, bien évidemment, mais nous avons pu recenser aussi quelques soldats, médecins, infirmières… et surtout un certain nombre d'enfants a fait part de leur volonté de reprendre le flambeau des éducateurs dans la fondation afin d'aider, à leur tour, les enfants abandonnés dans les rues de Manille. La scène était touchante.

Mais le plus bouleversant fut le moment où la jeune Tonette, enfant trisomique de quinze ans, extirpée quelques années auparavant d'une prison de quartier, s'est approchée à son tour. Le Cardinal fut aussitôt conquis par son pas assuré et son regard malin. Son handicap mental n'a jamais modéré sa témérité et la jeune fille ne semblait pas du tout intimidée de parler devant tout le monde.

L'échange fut déconcertant :

– Et toi, Tonette, alors, que veux-tu faire dans quelques années ?

Et sans hésiter, elle répondit :

– Quand je serai grande, moi, je veux être l'amour !

C'est une jeune fille trisomique, enfant de la rue à Manille, qui résume en quelques mots le chemin le plus noble qu'il soit. Mystérieuse innocence. La sagesse de notre petite trisomique nous rappelle très fortement celle de la petite carmélite de Lisieux :

> « La Charité me donna la clef de ma vocation. Je compris que si l'Église avait un corps, composé de différents membres, le plus nécessaire, le plus noble de tous ne lui manquait pas, je compris que l'Église avait un Cœur, et que ce Cœur était brûlant d'amour.

> Je compris que l'Amour seul faisait agir les membres de l'Église, que si l'Amour venait à s'éteindre, les Apôtres n'annonceraient plus l'Évangile, les Martyrs refuseraient de verser leur sang… Je compris que l'amour renfermait toutes les vocations, que l'amour était tout, qu'il embrassait tous les temps et tous les lieux… En un mot, qu'il est éternel !
> Alors, dans l'excès de ma joie délirante, je me suis écriée : ô Jésus, mon Amour… ma vocation, enfin je l'ai trouvée, ma vocation, c'est l'amour !… Oui j'ai trouvé ma place dans l'Église et cette place, ô mon Dieu, c'est vous qui me l'avez donnée… dans le Cœur de l'Église, ma Mère, je serai l'AMOUR[2]… »

Je me souviens avoir entendu le magnifique témoignage des parents d'un enfant trisomique. La maman partageait la stupeur qu'ils avaient ressentie à l'annonce du handicap, mais aussi le refus catégorique qu'ils avaient opposé à la solution facile et injuste de l'avortement. Elle avait expliqué avec humilité la peur des premiers mois, la difficulté du quotidien et la souffrance provoquée par les regards indélicats et les remarques maladroites ou volontairement cruelles d'inconnus. Puis elle avait eu ces mots si profonds :

– On m'a expliqué que le handicap de notre petit garçon était d'avoir un chromosome de trop. J'ai mis plusieurs années à comprendre qu'il s'agissait du chromosome de l'amour !

2. Sainte Thérèse de l'Enfant-Jésus, *Ms B, 3v.*

On ne répond pas au mal par une équation, mais par une effusion d'amour. Les puissants de notre monde en souffrance, ne comprennent apparemment pas cette logique, mais les plus pauvres l'ont assimilée en profondeur et la mettent en pratique avec générosité.

Candeur

« Aujourd'hui, avec moi, tu seras dans le Paradis. » Cela me rappelle la réflexion amusante d'Adrian, un enfant de la rue de onze ans qui était très intrigué par les procédures d'entrée au Paradis. Il s'ensuivit un dialogue insolite :

– Mon Père, c'est bien saint Pierre qui garde la porte du Paradis et qui fait entrer ceux qui montent au Ciel…

– Oui, si tu veux, lui répondis-je, un peu amusé par le ton assuré de sa remarque.

– Mais il y a des gens qui meurent tous les jours, n'est-ce pas ?

– Oui, mais où veux-tu en venir ?

Adrian prit un air stupéfait :

– C'est dingue ! Ça veut dire que saint Pierre, il n'a aucun jour de repos.

Puis il me jeta un regard pressant :

– J'ai aussi une faveur à te demander. Tu es beaucoup plus vieux que moi, donc tu devrais monter au Ciel avant moi…

Je dois avouer que je fus quand même un peu contrarié de me voir déjà mis en si bonne place dans les starting-blocks de la course au Paradis.

– C'est ce qui devrait effectivement se passer, dans l'ordre des choses. Mais que veux-tu ?

Son air solennel m'intriguait, la demande devait être sérieuse. Adrian continua avec gravité :

– Pourrais-tu m'attendre au portail, s'il te plaît, quand ce sera mon tour de monter au Ciel, parce que je ne suis pas sûr que saint Pierre me laisse entrer…

Merveilleuse innocence des enfants.

La prieure (avec une grande douceur) : « Que dites-vous, Sœur Constance ? Je vous donne volontiers la parole. Quand les sages sont au bout de leur sagesse, il convient d'écouter les enfants. »

Georges Bernanos
Dialogue des Carmélites
Quatrième tableau, scène VIII

Chapitre 9

Impitoyable pardon

O Crux ave, spes unica,
Hoc Passiónis témpore,
Piis adauge gratiam,
Reísque dele crimina.

Salut ô Croix, notre unique espérance !
En ces jours de la Passion du Sauveur,
accrois la grâce dans les justes,
efface les fautes des pécheurs.

Hymne *Vexilla Regis*
Sixième strophe

La riposte la plus puissante, mais déroutante à la fois, que l'on puisse opposer au scandale du mal, est un pardon donné. Réponse foudroyante parce qu'elle ne détruit pas mais convertit. Le mal n'est pas anéanti, il est transfiguré. Impitoyable répartie, puisque ce dernier, qui veut pourtant détruire, est ainsi inexorablement transformé en bien.

> « Lorsqu'ils furent arrivés au lieu dit : Le Crâne (ou Calvaire), là ils crucifièrent Jésus, avec les deux malfaiteurs, l'un à droite et l'autre à gauche. Jésus disait : « Père, pardonne-leur : ils ne savent pas ce qu'ils font » (Lc 23,33-34).

À la haine des bourreaux, le Christ, inflexible, répond par l'amour. C'est certainement là, l'une des leçons les plus exigeantes qu'Il nous donne, mais aussi l'une des plus magnifiques et des plus fécondes.

La souffrance la plus terrible pour un enfant de la rue n'est manifestement pas la détresse matérielle. En effet, ne pas manger à sa faim ou traîner pieds nus dans les rues de la ville est une indigence à laquelle ils s'habituent bien vite. La survie est un art qu'ils maîtrisent à la perfection. Mais leurs cœurs ne s'apaisent pas pour autant, car s'ils ont trouvé refuge sur les trottoirs, c'est parce que leur a été refusé ce droit fondamental, sève de l'âme : aimer et être aimé.

Quel que soit le motif pour lequel ils ont dû fuir le foyer familial, c'est toujours une situation dramatique qui crée fatalement dans les âmes une blessure abyssale, déni d'amour. Leurs jeunes cœurs assoiffés se voient privés de l'essentiel. Ils s'arrêtent de battre, d'une certaine façon puisqu'on leur refuse cette dignité universelle.

Mais encore une fois ce sont des va-nu-pieds qui nous montrent le chemin le plus noble du bonheur car leur soif d'amour est inextinguible et leurs cœurs crient sans repos le besoin d'aimer. La réponse la plus imparable qu'ils opposent à ce mal intolérable qui leur est fait, c'est le pardon. Ils le défient ainsi et proclament haut et fort, sur les toits du monde, qu'ils ont été créés pour aimer. Alors leurs cœurs se remettent à battre plus fort encore.

Invincible miséricorde

Le pardon est une arme implacable, probablement la plus puissante contre le mal puisqu'elle ne le détruit pas mais le transforme de l'intérieur, intimement. Le mal, formellement absence d'amour, devient lui-même le principe contraint d'un amour héroïque. Il perd toute substance dans ce mouvement simple et naturel du cœur. Il n'a plus de prise sur sa victime et devient tout bonnement impuissant.

Le pardon est donc une clé incontournable du bonheur parce que nous devons tous, immanquablement, le donner et le recevoir. C'est pourquoi, nous sommes tous fondamentalement des « pardonnés ». Par conséquent les enfants des rues et des bidonvilles de Manille nous incitent à nous rendre disponibles à cette miséricorde, paradoxalement si naturelle : aspirer à la grâce de pardonner – ce qui est très exigeant – et d'être pardonné – ce qui est encore plus exigeant.

Dale est un jeune qui a passé quasiment toute son enfance dans la rue. Il fut chassé du foyer familial par un père irascible, alors qu'il n'avait pas encore atteint l'âge de raison, et se retrouva à errer dans les rues de la capitale sans comprendre, ni même savoir les raisons de ce rejet. Il était *persona non grata*, condamné sans chef d'accusation.

Ce bannissement avait semé le poison du ressentiment au fond du cœur du jeune garçon, et provoquait parfois chez lui, des accès de colère incontrôlables. Le volcan explosait pour évacuer une pression intérieure accumulée au cours des semaines, sans pourtant l'atténuer, et son cœur ne trouvait pas la paix. Il n'avait jamais vraiment réussi à se stabiliser et multipliait les allers-retours entre la rue et la fondation. Les éducateurs ont toutefois toujours réussi à maintenir un lien avec lui et Dale venait régulièrement se réfugier au centre d'accueil pour échapper aux dangers de la jungle urbaine ou simplement se reposer quelques jours.

Peu de temps après son quinzième anniversaire, Dale apprit qu'à la suite d'un cancer foudroyant, son papa s'était éteint sans qu'il n'ait eu le temps de le revoir. La nouvelle eut l'effet d'une bombe pour le jeune garçon qui fondit en larmes. Il était dévasté.

Je m'approchai de lui et tentai de le consoler avec des mots inévitablement maladroits mais Dale tourna la tête vers moi et, les yeux rougis par le chagrin, me dit :

– Tu sais ce qui me fait le plus souffrir ? C'est que je ne pourrai plus jamais lui pardonner.

Les larmes les plus amères proviennent des pardons que l'on n'a pas donnés, les larmes les plus douces des pardons que l'on a reçus.

> « Vous donc, priez ainsi : Notre Père, qui es aux cieux, que ton nom soit sanctifié, que ton règne vienne, que ta volonté soit faite sur la terre comme au ciel. Donne-nous aujourd'hui notre pain de ce jour. Remets-nous nos dettes, comme nous-mêmes nous remettons leurs dettes à nos débiteurs. Et ne nous laisse pas entrer en tentation, mais délivre-nous du Mal. Car, si vous pardonnez aux hommes leurs fautes, votre Père céleste vous pardonnera aussi. Mais si vous ne pardonnez pas aux hommes, votre Père non plus ne pardonnera pas vos fautes » (Mt 6,9-15).

Les larmes de Dale étaient sans aucun doute la manifestation extérieure d'une peine immense, mais aussi, inconsciemment, l'expression évidente de ce pardon qu'il aura tout de même donné à son papa, de manière mystérieuse.

Le bonheur est certes cruellement terni par le mal, mais il est en revanche ennobli par tous ces petits actes d'amour gratuits et inaperçus, donnés par ceux qui retrouvent ainsi leur dignité d'homme. Les plus pauvres sont, ici encore, nos maîtres car, préservés de l'illusion matérielle, ils gardent les yeux fixés sur notre vocation commune et éternelle : aimer et être aimé, ce qui peut en fin de compte se traduire par pardonner et être pardonné.

« La suprême force de l'amour, disait Gustave Thibon, consiste à consoler le méchant du mal qu'il nous a fait[1]. » Nos cœurs, s'ils se disposent au pardon, neutralisent vraisemblablement le poison amer de la rancœur. Les enfants des rues et des bidonvilles de Manille placent la barre très haut. Ils nous font cheminer du pardon impossible au pardon nécessaire[2].

Par le mal qu'ils subissent, nos jeunes victimes semblent être réduites à n'être que des objets aux yeux du monde. Il n'est donc pas étonnant que les piétons déambulent à côté d'eux sans même les apercevoir, ou que les décharges de la ville leur soient dévolues. Par le pardon, en revanche, c'est un soufflet retentissant qu'ils nous donnent. Ils prouvent à la face du monde que leurs cœurs sont dignes d'aimer et d'être aimés et qu'ils embrassent cette dignité avec une force bien plus époustouflante que nos propres cœurs ankylosés. Ils accomplissent le plus beau miracle : la résurrection.

---

1. Gustave Thibon, *Notre regard qui manque à la lumière*, Amiot-Dumont, 1955, p. 30.

2. On peut se référer aux chapitres sur le pardon dans *Mendiants d'amour*, Artège, 2011.

Pablo a perdu sa maman alors qu'il n'avait que cinq ans. Cette souffrance, insoutenable pour un enfant, fut en outre exacerbée par l'absence d'un papa toxicomane, esclave de la drogue et impliqué dans un trafic qui lui faisait oublier totalement son devoir de père. Pablo était laissé à lui-même, négligé. Il trouva refuge dans la rue, dont les dangers apparaissaient finalement moins cruels que l'indifférence de celui qui aurait dû lui manifester le plus grand amour.

Le jeune garçon n'échappa malheureusement pas aux traumatismes liés à la vie d'un enfant de la rue, qui laissent inéluctablement des blessures vives et tenaces au fond du cœur. Mais il fut vite retrouvé par les éducateurs de la fondation et rejoint le foyer d'accueil où il passa toute son enfance.

Son papa n'est jamais venu le visiter. Il s'enfonçait inexorablement dans sa passion destructrice et, comme il fallait s'y attendre, finit en prison condamné à une lourde peine.

Pablo a aujourd'hui vingt-deux ans. Il s'est marié avec une jeune fille qui a connu, comme lui, les déboires de la rue, et ils ont eu un petit garçon au sujet duquel Pablo déclara avec détermination, le jour de sa naissance :

– Mon fils ne vivra jamais ce que j'ai vécu.

Or il y a quelques mois, son papa est sorti de prison, sans ressources ni recours. Disgrâce violente, conséquence directe d'une vie corrompue par le vice. Ses anciens amis d'infortune lui tournèrent le dos, sans pitié, ni compassion. Il était jeté à la rue et n'avait donc plus d'autre choix que de reprendre contact avec son fils.

N'était-ce pas le moment rêvé pour rendre la monnaie de sa pièce à un père indigne et lui faire enfin éprouver la morsure du dard terrible de l'indifférence ? Pourtant Pablo l'accueillit chez lui, sans hésiter un seul instant. Il lui rendit sa place de père et lui offrit en prime, celle de grand-père. J'étais estomaqué par la simplicité avec laquelle notre jeune chef de famille avait ouvert les portes de son foyer. Il me donnait l'impression de revivre la magnifique parabole du fils prodigue (Lc 15,11-32) :

> « Le fils lui dit : “Père, j'ai péché contre le ciel et envers toi. Je ne suis plus digne d'être appelé ton fils.” Mais le père dit à ses serviteurs : “Vite, apportez le plus beau vêtement pour l'habiller, mettez-lui une bague au doigt et des sandales aux pieds, allez chercher le veau gras, tuez-le, mangeons et festoyons, car mon fils que voilà était mort, et il est revenu à la vie ; il était perdu, et il est retrouvé.” »

La similitude entre les deux scènes est saisissante, sauf que, cette fois, c'est le père qui « est revenu à la vie » relevé par la miséricorde si spontanée de son fils.

Un jour, alors qu'il me partageait sa joie de voir sa famille se recomposer, je me risquai à lui demander :

– Pablo, n'as-tu pas ressenti de colère en voyant ton papa revenir ainsi après tant d'années ?

Le jeune père de famille me dévisagea, comme si ma question le surprenait, puis il afficha un franc sourire :

– Pas le moins du monde ! Mon histoire fut douloureuse, mais elle est aujourd'hui heureuse. Pourquoi donc l'assombrir à nouveau avec le poison de la rancœur ?

Le papa a retrouvé assez vite un travail dans le quartier. Je l'ai croisé plusieurs fois près de la fondation… il portait toujours affectueusement son petit-fils dans ses bras.

« Père, pardonne-leur : ils ne savent pas ce qu'ils font », c'est bien à cet instant si solennel de la Croix, au moment même où le péché est commis contre l'innocence suprême, que l'amour le plus noble et le plus éclatant se manifeste : la miséricorde. Le pardon donné terrasse le mal. Le bien triomphe parce que, par amour, il s'est laissé dominer. Cette parole du Christ en Croix n'est pas seulement émouvante, elle est aussi prodigieuse car elle résume en quelques mots toute la substance du salut.

Le pardon est la contre-attaque la plus infaillible, celle qui désarme inéluctablement l'ennemi. Il est à la fois, une expression resplendissante de l'amour de Dieu pour l'homme et son plus vibrant appel. « Supportez-vous les uns les autres, et pardonnez-vous mutuellement si vous avez des reproches à vous faire. Le Seigneur vous a pardonnés : faites de même » (Col 3,13). Pardonner est le signe incontestable de notre résurrection.

En définitive, l'enjeu fondamental du problème du mal consiste à choisir entre la vie et la mort. Le péché, qu'il soit commis ou subi, est toujours une semence de mort. Le pardon, quant à lui, est un hymne à la vie. Nous avons vu qu'il ne fallait pas chercher stérilement une solution à un problème, mais plutôt donner une réponse à un mystère. Il ne s'agit donc pas de se laisser pétrifier par un mal que notre esprit ne sait pas expliquer, mais il faut résolument se relever par cet amour que notre cœur veut répandre en abondance.

Résurrection.

> « Je prends aujourd'hui à témoin contre vous le ciel et la terre : je mets devant toi la vie ou la mort, la bénédiction ou la malédiction. Choisis donc la vie ! » (Dt 30,19).

Te fons salutis Trínitas,
Colláudet omnis spíritus :
Quibus Crucis victoriam
Largiris, adde praemium.
Amen.

Ô Trinité, source du salut,
que toutes les âmes vous louent,
à ceux qui ont, par vous, la victoire de la Croix,
donnez aussi la récompense.
Ainsi soit-il.

Hymne *Vexilla Regis*
Septième strophe

Chapitre 10

Les fruits du combat

« Il s'est usé, ce manteau de tendresse,
Sur tant et tant d'épaules en détresse
Qu'il t'est trop court, ô dernière pauvresse.

Dors, mendiant, dors… »

Marie Noël
Les chansons et les heures
« Berceuse d'actions de grâces »

Les plus beaux miracles, nous l'avons dit, ne sont pas les réussites exemplaires dont nous sommes pourtant légitimement fiers : Macky diplômé de l'université, Marilyn réconciliée avec sa famille, ou bien Marvin qui a trouvé un emploi et s'apprête à fonder sa propre famille. Nous nous réjouissons naturellement de toutes ces belles réalisations et travaillons jour après jour pour que chaque enfant de la fondation connaisse le même genre de dénouement heureux. Mais, malheureusement, nous risquons trop souvent de confondre les fruits et les résultats.

En effet, les plus belles consolations que nous avons, sont indiscutablement les fruits, dont nous sommes les témoins privilégiés, au fond des cœurs de ces enfants. Résurrections d'âmes blessées : les pardons donnés, la joie retrouvée, l'espérance qui renaît, mais aussi tout simplement l'attention à l'autre, le désir d'aimer et de répandre largement cet amour autour de soi.

L'esprit de corps, dans les épreuves, est une réalité manifeste dans les bidonvilles et dans les rues de Manille. Ainsi, par exemple, un enfant laissé pour compte dans la ville ne reste jamais seul bien longtemps et se retrouve vite intégré dans un groupe d'enfants partageant la même infortune, pour le meilleur et pour le pire.

Pourtant l'attention à l'autre est d'une noblesse plus remarquable encore. Il ne s'agit pas seulement de sympathie, mais de charité au sens le plus étymologique du terme, c'est-à-dire imprégné d'un amour vrai, celui qui ne fait pas l'impasse du sacrifice. L'attention au prochain, fruit manifeste du combat contre le mal, ne pose pas un regard condescendant sur son frère nécessiteux, il le fait passer devant (Mc 3,3). Il n'est pas l'objet de sa bonté mais le sujet de sa prévenance.

Il n'est donc pas seulement respectable mais impératif d'aider son prochain. Notre monde, prompt à abîmer avec entrain la grandeur de notre nature humaine, nous invite sans cesse au repli. Les gens se croisent mais ne se voient plus. Ils ne s'abordent surtout pas, de peur que ce soit compris comme une agression. Notre nature, pourtant foncièrement sociale, s'atrophie pour laisser place à un égoïsme qui paraît presque salutaire : éviter à tout prix la rencontre, puisqu'elle nous engage. L'indifférence devient un outil de survie et la cécité se propage comme une épidémie incontrôlée, celle du cœur et celle des yeux : je ne veux tellement pas voir la vieille dame de mon immeuble, qui souffre de solitude, que je finis réellement par ne plus la remarquer. Je ne veux tellement pas être dérangé par le mendiant à la sortie de l'église, que je finis par l'oublier effectivement.

Aveugles de circonstances.

Pourtant, envelopper l'indigent de sollicitude est inscrit dans nos gènes d'enfants de Dieu. Rencontrer l'autre, servir l'autre – parfois même jusqu'au don de soi – donne incontestablement un sentiment de plénitude.

« Il n'y a pas de plus grand amour que de donner sa vie pour ceux qu'on aime » (Jn 15,13). Les exemples les plus héroïques sont toujours des sacrifices.

Nous voici donc fondamentalement redevables des plus pauvres, puisqu'en nous exhortant à embrasser pleinement notre nature humaine, ils nous révèlent la voie d'un épanouissement formidable. Ils se présentent eux-mêmes à nous comme d'inestimables opportunités d'aimer, armes imparables contre le mal !

> « S'il y a plus de bonheur à donner qu'à recevoir, celui qui reçoit donne à l'autre du bonheur[1]. »

Les petits gestes d'amour

L'amour est héroïque, ou bien il n'est pas. C'est une conviction ferme que les plus pauvres nous transmettent comme un appel à entendre, un chemin à suivre.

Toutefois il ne faudrait pas tomber dans le piège qui consiste à confondre héroïsme et éclat. On raconte au sujet de la jeune Thérèse de Lisieux, qui fut déclarée sainte peu de temps après sa mort, qu'on demanda au Pape Pie XI pourquoi il désirait la canoniser si vite. Il répondit ces simples mots : « Elle faisait des choses ordinaires avec un amour extraordinaire. » C'est un leitmotiv, une maxime de vie… notre motivation.

Il ne s'agit donc pas de faire des choses grandioses mais de multiplier les petits actes d'amour : une attention,

1. Fabrice Hadjadj, *Réussir sa mort*, Presses de la renaissance, 2005, p. 173.

un sourire, une parole, un simple regard, s'ils sont imprégnés d'amour, peuvent transformer ceux qui les reçoivent. Un simple merci, un pardon donné, un silence parfois, sont les instruments discrets de miracles inespérés. Nous ne savons évidemment pas mesurer la profondeur des cœurs de ceux que nous rencontrons, mais ces petits gestes délicats les pénètrent pourtant avec une puissance mystérieuse.

Invariablement, notre vocation commune se rappelle à nous : aimer et être aimé. D'ailleurs, il est frappant de constater qu'un enfant de la rue ne rejoindra pas les foyers de la fondation pour manger à sa faim ou se procurer de nouveaux habits. Il vient, s'il ressent avec force, une atmosphère aimante. Il ne s'attend pas à intégrer une institution parfaite, il ne réclame pas un soutien sans faille, mais son cœur exige le seul remède absolument nécessaire, l'amour. Rempart absolu contre le mal qu'il a subi, baume délicat sur les plaies de son cœur.

Voici donc dans nos mains encore trop hésitantes, la réponse au mal la plus pragmatique, celle qu'il faut appliquer sans tarder, et sans mesure : multiplier les petits gestes ordinaires, en instillant cet amour qui va les rendre extraordinaires. Oui, l'amour est héroïque, mais c'est un héroïsme ordinaire, celui qui est intimement ancré dans notre nature humaine mais que nous avons malheureusement délaissé. Il se rappelle sans cesse à nous, précurseur du vrai bonheur.

Les enfants des rues et des bidonvilles de Manille nous offrent une leçon infiniment précieuse : la victoire est à portée de mains. Il s'agit simplement de pétrir la pâte de notre existence avec le levain de notre cœur.

Noël est un moment merveilleux, avec ses traditions propres à chaque pays, à chaque culture, et son atmosphère toujours imprégnée de tendresse et d'affection. Les lumières, les décorations, les cadeaux, les repas. C'est la fête familiale par excellence. Mais pour des enfants qui vivent séparés de leurs proches, c'est une période fatalement très difficile. Le désir blessé de connaître la joie d'une famille unie, rejaillit de manière cruelle au moment des fêtes de fin d'année. Les enfants sont donc très sensibles et les éducateurs redoublent de compassion pour chacun. Les petits gestes d'attention sont des baumes délicats pour ces petits cœurs meurtris.

Dans les foyers, il s'agit donc de créer une atmosphère aussi familiale que possible. La dimension festive est toujours soignée par les éducateurs et, le jour de Noël, chaque enfant reçoit un cadeau tout simple, signe de l'affection que l'on veut manifester à chacun : un jouet pour les plus petits, un polo ou une casquette pour les plus grands. L'ambiance est bon enfant, et les sourires réapparaissent tant bien que mal. La mélancolie cède alors sa place à une joie authentique.

Une année cependant, après la distribution des précieux cadeaux, et tandis que les enfants avaient déjà presque tous ouvert leurs paquets, avec cette fougue propre à l'excitation du moment, je remarque la petite Maria dans un coin, son cadeau encore bien emballé sur les genoux, qui laissait couler de chaudes larmes. Je m'approche pour tenter de savoir ce qui la rendait si triste. Mais Maria, tout en continuant de pleurer, esquissa un discret sourire et me dit :

– Je ne suis pas du tout triste… ce sont des larmes de joie ! C'est la première fois de ma vie qu'on me fait un cadeau.

Je fus bouleversé par sa réponse. Le cadeau n'était même pas ouvert. Peu importe. L'essentiel était qu'il fut là, sur ses genoux, rien que pour elle, symbole d'une attention qu'elle n'avait jamais goûtée auparavant. Un petit geste d'amour qui venait panser un cœur à vif.

Je me remémorais alors les sapins de mon enfance où je venais compter discrètement le nombre de cadeaux à mon nom esquintant, sans vraiment le réaliser, la magie de Noël ou plutôt sa nature intime. J'étais obsédé par la quantité de cadeaux, tandis que Maria savourait, elle, la beauté du don.

Notre pèlerinage pour percer le mystère du mal, nous a fait quitter la route de l'obstination rationnelle afin d'emprunter humblement celle de l'abandon, non pas résigné, mais déterminé. Il ne s'agit plus d'expliquer le mal, mais d'y répondre avec témérité. Et les répercussions d'une telle quête, sont impressionnantes.

La joie notamment, est un fruit évident de ce combat[2]. Nous ne parlons pas ici, bien évidemment, d'une joie égoïste qui se résume à la recherche effrénée du plaisir, maître-mot de notre société consumériste. On veut en effet nous faire croire que la joie se résume aux quelques frétillements ressentis quand on obtient ce que l'on désire, comme un enfant-roi qui exulte lorsque ses parents cèdent à ses caprices. Le succès des campagnes de publicité repose essentiellement sur cette conception absurde de la joie, matérialiste. Elle est réduite à un plaisir égocentrique.

2. On peut se référer au livre *Le prodigieux mystère de la joie*, Artège, 2013.

Les enfants des rues et des bidonvilles de Manille n'ont rien matériellement. Ils portent des blessures de l'âme qui font frémir et vivent des situations familiales inextricables. Pourtant les témoignages de ceux qui visitent la fondation sont unanimes : il règne dans les foyers une atmosphère prodigieuse. Les enfants débordent d'une joie mystérieuse mais authentique. C'est d'ailleurs une constatation qui se retrouve communément dans toutes les associations qui œuvrent en faveur des plus pauvres. Une joie insoupçonnée règne dans ces communautés de cœurs blessés.

Elle ne s'explique que par la soif incommensurable d'amour qu'ils manifestent, qui devient le terreau d'une joie supérieure : celle que l'on reçoit, parce qu'on l'a d'abord donnée. N'est-ce pas d'ailleurs foncièrement naturel ? Il est effectivement indéniable que l'on éprouve de la joie à recevoir un cadeau de la part d'un ami, mais est-elle comparable à celle, plus pure et plus intense, que l'on goûte en voyant ce même ami émerveillé par le présent qu'on vient de lui offrir ?

Le paradoxe de la joie : c'est en la donnant qu'on la reçoit. Les plus pauvres nous invitent donc à nous libérer d'une appréhension corrompue de la joie. Les plaisirs sont bien souvent légitimes mais ne délimitent certainement pas les contours de la vraie joie, celle qui ne s'épanouit réellement que dans le don. Cette clé du bonheur résonne comme un apophtegme : soyons des instruments de joie. Plus nous la communiquerons et plus elle nous envahira.

Les enfants des rues et des bidonvilles de Manille sont tellement unis au Christ dans sa souffrance qu'ils partagent inévitablement la joie dont Il est la source.

Il n'est donc pas étonnant que nos centres soient des foyers où transpire une joie phénoménale, fruit de la victoire. Nous sommes baignés, chaque jour, d'infatigables sourires.

« Et béni soit Dieu ! Lui qui nous
apprête
Le manteau d'amour tout entier,
la fête
Qui nous couvrira des pieds à la tête.

Dors, mendiant, dors… »

Marie Noël
Les Chansons et les Heures
« Berceuse d'actions de grâces »

Chapitre 11

La petite fille espérance

« Les gens ont des étoiles qui ne sont pas les mêmes.
Pour les uns, qui voyagent, les étoiles sont des guides.
Pour d'autres elles ne sont rien que de petites lumières.
Pour d'autres, qui sont savants, elles sont des problèmes.
Pour mon businessman elles étaient de l'or.
Mais toutes ces étoiles-là se taisent.
Toi, tu auras des étoiles comme personne n'en a… »

Antoine de Saint-Exupéry
Le Petit Prince, chapitre XXVI

« L'espérance du Royaume, dit le pape François, ne saurait faire l'économie des douleurs de l'enfantement. » Mais comme il est difficile de trouver cette espérance dans la noirceur de la misère matérielle et celle plus sombre encore des turpitudes morales ! Comment s'imprégner de cette confiance surnaturelle alors qu'un enfant est abandonné, molesté, ignoré ? Comment apercevoir cette petite flamme d'espérance dans l'oppressante obscurité d'un mal qui s'acharne ?

Et pourtant, c'est bien dans la petite chapelle sombre que peut resplendir la lumière d'une simple bougie, c'est dans les ténèbres de la désespérance que brille le mieux la discrète espérance. C'est au cœur des bidonvilles et dans l'enfer des rues de Manille qu'elle se dévoile de manière éblouissante.

On raconte qu'un roi devait léguer son royaume à l'un de ses deux fils. Désirant le remettre au plus sage, il leur proposa un défi simple : il s'agissait de remplir les deux plus grandes salles de son palais avec ce qu'ils trouveraient de moins onéreux. Le défi était lancé avec un ultimatum, ils avaient jusqu'à minuit. L'aîné se hâta de charger des dizaines de chariots avec du foin acheté sur le marché de la ville et passa l'après-midi à bourrer la salle immense du château, qui lui était dévolue. Quant au second fils, personne ne le vit de la journée. Le plus âgé jubilait, croyant la victoire acquise.

Peu avant minuit, le cadet finit toutefois par réapparaître apportant avec lui une bougie. Il entra dans la grande salle sombre, alluma sa petite chandelle et la lumière de la flamme incandescente remplit subitement toute la pièce au grand enthousiasme de son père. Il s'était montré le plus sage et devint roi.

Les plus pauvres sont confrontés au pire et frôlent parfois la désespérance – il faut l'admettre – car leurs souffrances sont bien réelles, cruelles et écrasantes. Mais l'espérance surgit toujours, inattendue, force mystérieuse qui les réconforte non pas seulement dans l'espoir très humain d'un avenir meilleur, mais en les incitant surtout à cueillir les fruits insoupçonnés du moment présent.

Lorsqu'on demande aux enfants de la fondation d'exprimer leur plus grand souhait pour l'avenir, eux qui pourtant ont bien souvent été rejetés par leurs propres parents, donnent presque toujours la même réponse : aider leurs familles. Une fois encore ils répondent au mal par l'amour, principe d'une véritable espérance : non pas une attente figée mais une effusion qui transforme l'avenir en imprégnant le présent d'un amour vrai, en acte.

La petite fille espérance n'a l'air de rien du tout, disait le poète Charles Péguy, mais elle perce les ténèbres éternelles. « Il faut consentir à la nuit pour apercevoir les étoiles[1]. »

1. Dom Gérard, *Demain, la chrétienté*, Éditions Sainte Madeleine, p. 28.

Victoire

Ronald n'a aucun souvenir de ses parents. Ce garçon frêle, au visage fin que la rue n'a pas eu le temps d'abîmer, a été retrouvé par les éducateurs, perdu dans les rues de Manille, errant près de la vieille voie ferrée qui traverse le grand marché de la ville. Il n'avait pas encore sept ans et n'a su donner plus d'informations, aux assistantes sociales, que son nom et son âge. Impossible d'obtenir le moindre indice pour retrouver sa famille, Ronald a donc passé toute son enfance dans un des foyers de la fondation.

Aujourd'hui il en a vingt-quatre, il a terminé ses études et travaille dans une entreprise pour laquelle il fait la maintenance informatique. Il s'est marié il y a trois ans déjà, avec une jeune femme du quartier, et aspirait depuis lors à devenir papa. Quelques problèmes de santé de son épouse ont retardé l'heureuse nouvelle, comme si cette attente préparait patiemment son cœur de père, mais le bonheur tant désiré est finalement arrivé. Elle est tombée enceinte et Ronald est souvent venu me visiter avec elle, au cours des mois de grossesse, pour partager sa fierté.

Je regardais ce jeune garçon de la rue devenu homme et chef de famille. J'étais particulièrement attendri par l'affection et la délicatesse avec lesquelles il prenait soin de ses deux trésors, sa femme et son enfant. Il penchait parfois son visage sur le ventre arrondi de son épouse comme s'il voulait déjà partager avec son bébé cette affection dont il avait été privé.

Et lorsque le grand jour de la naissance est arrivé, je suis allé les visiter à la clinique. Ronald tenait précieusement cet être tout menu dans ses mains : une petite fille, symbole de cette petite flamme surgie de nulle part, qui redonnait toute la lumière à son passé assombri par le manque d'amour. Il me jeta un coup d'œil furtif et me dit simplement :

– Elle est belle, n'est-ce pas ?

Elle était très belle, assurément mais sa beauté resplendissait éminemment aussi dans la complicité tendre des deux parents absorbés par la soif d'amour intense de ce petit être pourtant si fragile.

Enfin le cœur de Ronald allait pouvoir s'exprimer pleinement ! Et j'ai vu dans son regard amoureux le trait discret mais puissant de l'espérance brisant sans pitié le cycle du mal. Ronald fut un enfant délaissé, il est aujourd'hui un père débordant d'affection. Paradoxe merveilleux de l'amour. L'espérance a pansé les blessures de son âme.

C'est une scène toute simple dont je fus un témoin privilégié. Elle porte pourtant en elle la marque d'une immense bénédiction. Les plus pauvres changent notre regard sur l'espérance : elle n'est pas un optimisme naïf mais la consécration de notre vocation commune, aimer et être aimé. Elle est un signe resplendissant de la victoire !

> « Qui craint le Seigneur n'a rien à redouter, il ne s'effraie de rien, car c'est lui son espérance » (Si 34,16).

L'espérance n'a donc absolument rien à voir avec l'espoir qui, lui, soupire dans les ténèbres, tandis qu'elle oriente tout notre être vers la lumière. Entrer dans l'espérance, pour reprendre les mots de saint Jean-Paul II, c'est s'abandonner entièrement dans les mains du Bon Dieu.

> « C'était déjà environ la sixième heure (c'est-à-dire : midi) ; l'obscurité se fit sur toute la terre jusqu'à la neuvième heure, car le soleil s'était caché. Le rideau du Sanctuaire se déchira par le milieu. Alors, Jésus poussa un grand cri : “Père, entre tes mains je remets mon esprit.” Et après avoir dit cela, il expira » (Lc 23,44-46).

La scène semble si sombre, pourtant ces mots du Christ en Croix, habituellement considérés comme l'ultime parole, sont le couronnement du combat contre le mal. La riposte suprême qui le désarme définitivement. Le Christ s'abandonne complètement entre les mains du Père. Il ne demande pas d'explications, mais donne une réponse. Et c'est une réponse, pleine de tendresse… une prière !

Cœur-à-cœur

Il semble donc que le Bon Dieu nous invite à nous réfugier dans la prière avec une confiance absolue. Il n'y a rien de plus beau que de poser les genoux à terre et de tourner notre regard vers le Ciel. Implorer l'aide de Dieu dans la souffrance et la désolation, n'est pas un signe de résignation, mais l'expression au contraire d'un abandon libre et résolu.

La prière est donc avant tout, une confession d'amour. Conscients d'être dépassés par un mystère insondable, et fermement décidés à répondre au mal avec les armes que le Christ nous livre, nous nous approchons de Lui, par nos supplications, afin de mendier son aide dans le combat. Nous venons en mendiants d'amour…

> « Le Seigneur est loin des méchants, mais il écoute la prière des justes » (Pv 15,29).

La prière est donc assurément le chemin incontournable de notre pèlerinage, puisqu'elle vient affermir cette certitude que la réponse au mal ne se situe pas dans le dédale de notre cerveau, mais au plus intime de notre cœur. La prière est à la fois la marque de loyauté du soldat envers son général, et le témoignage d'affection du fils envers son père. Le mal n'a donc aucune prise sur le Cœur-à-cœur reliant Dieu et sa créature. C'est un échange d'amour devant lequel il ne peut qu'abdiquer. Refuge invulnérable.

> « – Que veux-tu dire ?
> – Quand tu regarderas le ciel, la nuit, puisque j'habiterai
> dans l'une d'elles, puisque je rirai dans l'une d'elles,

alors ce sera pour toi comme si riaient toutes les étoiles.
Tu auras, toi, des étoiles qui savent rire ! »

Antoine de Saint-Exupéry
Le Petit Prince, chapitre XXVI

Chapitre 12

La palme de la victoire

« Bien plus, nous mettons notre fierté dans la détresse elle-même, puisque la détresse, nous le savons, produit la persévérance ; la persévérance produit la vertu éprouvée ; la vertu éprouvée produit l'espérance. »

Rm 5,3-4

La persévérance survient peut-être au terme d'une réflexion sur le mal, à l'école des plus pauvres, mais elle se veut surtout le commencement d'un chemin. Elle est à la fois le fruit et la graine. C'est par la persévérance que vous obtiendrez la vie, a dit le fils d'un charpentier de Nazareth il y a plus de deux mille ans. Des mots qui sont d'une actualité déroutante dans un monde de l'instant, qui ne sait plus attendre, ni durer.

Mais la persévérance, et son *alter ego* la fidélité, ne sont-elles pas des conditions indispensables de notre réponse imparable au mal ? L'amour de l'instant n'est qu'une illusion dont l'instabilité est source de grandes souffrances. Les enfants des rues et des bidonvilles de Manille ne cessent de nous rappeler notre finalité commune : aimer et être aimé. Le bonheur repose sur notre volonté de l'accueillir, notre détermination à lui être loyal, et notre persévérance à la vivre en acte.

Cette dernière étape est donc l'armature de toutes les ripostes au mal, comme le tuteur que le jardinier utilise pour maintenir sa plante droite, tendue vers le haut. Sans la persévérance et sans la durée, la résilience ne se dresse plus comme un rempart face à l'adversité, la flamme de l'espérance s'affaiblit laissant place au découragement, et la joie n'est plus qu'une illusion éphémère. Sans la fidélité, l'amour se dénature. Il perd sa saveur, sa puissance et sa noblesse.

L'amour est un mystère dont la beauté se blottit dans la faiblesse, la fragilité et la vulnérabilité. C'est la raison pour laquelle elle est singulièrement éclatante chez les plus pauvres. De même qu'on ne peut prétendre panser, en un instant, les plaies du cœur d'un enfant blessé par l'abus et qu'il faut prendre le temps de l'écoute et de la présence, de même la persévérance est indispensable pour prétendre à un vrai bonheur.

« La palme de la victoire n'est pas pour celui qui n'est pas tombé mais pour celui qui a couru le plus loin », disait le bienheureux Jean-Joseph Lataste[1], qui avait consacré sa vie à aider les détenues d'un établissement pénitentiaire de femmes. Il savait de quoi il parlait. La persévérance est la colonne vertébrale de toutes les autres vertus. C'est elle qui permet que chacune des leçons offertes par les plus pauvres ne soit pas des mots vides, mais une réalité vécue. Sans elle, le bonheur demeure une illusion inaccessible, une félicité après laquelle le monde court aveuglément sans jamais l'approcher. Chimère intemporelle de l'homme en mal d'une Béatitude qu'il ne trouve plus, parce qu'il n'a pas compris qu'elle se cache au cœur même de son âme.

La persévérance est la dernière arme que les plus petits nous offrent, mais elle résonne aussi comme un appel à ouvrir son cœur et tendre la main sans jamais se lasser.

1. Jean-Joseph Lataste o.p., *Prêcheur de la Miséricorde*, sermon 96.

« Que le poète obscur persévère dans son obscurité, s'il veut trouver la lumière[2]. »

Alors que l'œuvre venait à peine de commencer son action en faveur des enfants des rues de Manille, un policier sonna à la porte de la fondation et nous amena un jeune garçon de cinq ans qu'il avait trouvé errant, nu, dans le quartier. L'enfant, craintif, avait un handicap mental et s'exprimait par des sons inarticulés incompréhensibles. On ne devinait ses désirs que par l'expression de son visage et l'intonation affirmée de sa voix. Rex – c'est le prénom que le policier lui avait donné – savait d'ailleurs très bien se faire entendre et devint bien vite, le protégé de tous les pensionnaires du foyer.

Mais il faisait peu de progrès et sa vie se résumait à ses humeurs. Il semblait parfois souffrir de solitude, enfermé dans son mutisme. Une éducatrice le prit en affection et décida de le faire travailler quelques minutes chaque jour. Il s'agissait juste de lui faire répéter des sons et des mots. Rex se prêta au jeu, probablement plus heureux de l'attention particulière qu'il suscitait que par soif d'apprendre.

Nous pouvions entendre jour après jour les répétitions laborieuses de syllabes. L'obstination de l'éducatrice était édifiante, car cela s'apparentait à une mission impossible, tant les capacités de Rex semblaient limitées.

Pourtant quelques mois plus tard, en entrant dans le foyer où résidait Rex. Je vis ce dernier s'approcher de moi avec un large sourire et prononcer quelques mots de manière encore imprécise, mais toutefois bien distincte :

2. Jean Paulhan, dans la préface des *Contes* de Noël Devaulx.

– Bonjour mon Père, bienvenue à la maison…

Je n'ai pu retenir mes larmes. J'étais si heureux pour lui mais aussi profondément ému par la persévérance avec laquelle l'éducatrice avait cru en lui. Elle avait révélé les capacités insoupçonnées du jeune garçon. Sa patience et son amour avaient porté des fruits merveilleux qui ont certainement fait goûter à Rex les prémices d'un vrai bonheur.

Nous vivons dans un monde en effervescence qui ne prend plus le temps du repos, non pas celui qui est naïvement confondu avec le divertissement, mais celui qui offre à nos âmes une paix authentique. Certains y voient l'occasion de s'intérioriser, d'autres, selon leurs croyances, appellent ces moments des méditations. Lorsqu'on a la foi, c'est un temps de prière, Cœur-à-cœur qui nous aide à comprendre que le combat contre le mal n'est pas un lot de recettes magiques mais un don qu'il faut avoir l'humilité et le courage d'accepter.

Le silence, préalable nécessaire à la prière, est un luxe que notre société ne sait plus apprécier. Elle ne le supporte plus et lui résiste par un déversement de bruits et une agitation destinés à nous détourner de l'essentiel. On ne se recueille plus aujourd'hui, on grappille aveuglément; on ne contemple plus mais on dissèque. Le silence humble est chassé par un bavardage orgueilleux qui nous empêche d'entendre les leçons de vie qui nous sont pourtant données gracieusement.

Nous avons peur du silence et de ses exigences. On parle bruyamment des pauvres dans les plus hautes instances internationales mais on ne sait pas les écouter respectueusement, et discerner les trésors qu'inspirent leurs exemples. Les grands discours ont muselé l'émerveillement, disciple fidèle du silence. Les écrans ont substitué l'illusion des images à la beauté de la création. On ne s'extasie plus, on épie.

Les plus pauvres sont les premières victimes de ce tourbillon, eux, aux côtés de qui l'on passe sans s'arrêter. Mortifère indifférence. Ce n'est pourtant pas d'abord d'un toit ou d'un repas dont ils ont cruellement besoin, mais d'une présence. Ils ont soif d'une rencontre, d'une écoute gratuite, d'un simple regard pour tordre le cou de ce mal qui s'acharne.

On apprend indubitablement plus devant une simple rose qui met toute l'énergie de son âme à se hisser silencieusement vers le ciel que dans tous les livres de métaphysique. Alors les plus humbles tirent la sonnette d'alarme : ranimons l'émerveillement de nos cœurs. Taisons-nous et contemplons pour laisser enfin la vie se dévoiler timidement autour de nous. Permettre au Beau d'inonder nos cœurs d'une mystérieuse communion, devant laquelle le mal ne peut qu'abdiquer.

La réponse au mal est au fond de nos cœurs.

> « Et l'espérance ne déçoit pas,
> puisque l'amour de Dieu
> a été répandu dans nos cœurs
> par l'Esprit Saint qui nous a été donné. »
>
> Rm 5,5

En ce temps-là, Jésus proposa cette parabole à la foule :

« Le royaume des Cieux est comparable à un homme qui a semé du bon grain dans son champ.

Or, pendant que les gens dormaient, son ennemi survint ; il sema de l'ivraie au milieu du blé et s'en alla. Quand la tige poussa et produisit l'épi, alors l'ivraie apparut aussi.

Les serviteurs du maître vinrent lui dire :

"Seigneur, n'est-ce pas du bon grain que tu as semé dans ton champ ? D'où vient donc qu'il y a de l'ivraie ?" Il leur dit : "C'est un ennemi qui a fait cela."

Les serviteurs lui disent :"Veux-tu donc que nous allions l'enlever ?"

Il répond : "Non, en enlevant l'ivraie, vous risquez d'arracher le blé en même temps. Laissez-les pousser ensemble jusqu'à la moisson ; et, au temps de la moisson, je dirai aux moissonneurs : 'Enlevez d'abord l'ivraie, liez-la en bottes pour la brûler ; quant au blé, ramassez-le pour le rentrer dans mon grenier." »

Mt 13,24-30

Épilogue

Visite surprise du pape François à la fondation

L'atmosphère est euphorique. Le Pape est en train de célébrer la Messe à la cathédrale de Manille tandis que des centaines de milliers de fidèles l'attendent sur le parvis, espérant le saluer ou simplement l'apercevoir. Ce vendredi 16 janvier 2015 est le premier jour de la visite pastorale du pape François aux Philippines.

Pour les enfants de la fondation ANAK-Tnk, l'excitation est à son comble. Les trois gardes du corps du Saint-Père, bien accoutrés dans leurs grands costumes noirs, viennent d'entrer dans le centre, situé de l'autre côté de la rue, où se sont rassemblés près de quatre cents enfants. Après avoir posé quelques questions et fait les vérifications d'usage, le plus grand se tourne vers le groupe pour annoncer solennellement :

– Mes enfants, c'est bon. Le pape François viendra vous voir quelques minutes, juste après la messe. Préparez-vous !

Il n'a pas le temps de terminer sa phrase qu'un tonnerre d'applaudissements retentit dans la petite cour intérieure du centre. Le temps semble se suspendre. Puis les cris de joie de tous nos jeunes pensionnaires finissent par s'estomper pour laisser place à un temps de prière spontanée, attendant que le vicaire du Christ les rejoigne.

L'émotion est palpable. J'ai moi-même du mal à retenir quelques larmes, réalisant à peine que le Pape vient effectivement à la rencontre des plus-petits. Il avait annoncé, avant de venir aux Philippines, qu'il ne désirait pas de rendez-vous avec les « grands » du pays mais voulait plutôt rejoindre les pauvres. Il tient parole. Je regarde chacun de ces visages souriants et me remémore leurs histoires meurtries. Ils portent tous un polo de couleur vive qui détonne avec la noirceur de leur passé. Le pape François saura-t-il entrevoir les flétrissures de leurs âmes, dissimulées derrière ces sourires angéliques ?

On me fait signe que le Saint-Père approche. Je l'aperçois à quelques dizaines de mètres, accompagné du Cardinal Tagle, du Nonce Apostolique et d'un petit groupe. Son visage est sévère, il semble fatigué. Derrière moi retentit l'hymne de la fondation, que les enfants chantent à tue-tête, en y mettant tout leur cœur.

En arrivant devant le centre, le Pape aperçoit le groupe d'enfants et entend les voix enthousiastes. Son visage s'illumine immédiatement et laisse apparaître un immense sourire, comme si la fatigue accumulée pendant la célébration à la cathédrale, venait de s'évanouir en un instant.

Alvin, enfant de la rue d'une dizaine d'années, se détache du groupe et vient à la rencontre du Pape. Il se jette dans ses bras et le serre affectueusement, puis il lui prend la main et l'entraîne vers ses frères et sœurs de la fondation. La scène est très attendrissante. Le Pape s'attarde pour saluer chacun des enfants attroupés devant lui. Il semble savourer chaque minute.

Le chant prend fin et le Saint-Père s'assoit à côté du Cardinal Tagle, face aux enfants. Quelques-uns s'approchent et lisent des messages en Tagalog qu'ils ont rédigés pour lui et que le Cardinal traduit en italien. Il les écoute avec tendresse.

Je prends alors la parole et explique au pape François qui sont les enfants de la fondation. Mes mots sont un peu confus, mais je veux absolument qu'il réalise la noblesse d'âme des petits êtres blessés qui sont devant lui. Le Pape pose sur moi un regard concentré.

– Très Saint-Père, ces enfants, pauvres parmi les pauvres, sont le trésor de notre Église. Ils sont nos maîtres de joie !

Le pape François s'approche alors de moi et me prend la main chaleureusement. Après quelques remerciements pour l'accueil que les enfants lui ont réservé, il me dit à quel point il veut que la fondation continue son œuvre, puis il ajoute ces quelques mots si profonds :

– Persévérez avec courage, parce que ces enfants sont la chair du Christ !

Mes craintes n'étaient pas fondées, le Saint-Père a tout compris[1].

> « Maintenant je trouve la joie dans les souffrances que je supporte pour vous ; ce qui reste à souffrir des

1. On peut retrouver cette scène émouvante sur la chaîne Youtube de l'association ANAK-Tnk.

> épreuves du Christ dans ma propre chair, je l'accomplis pour son corps qui est l'Église » (Col 1,24).

Nous voici arrivés au terme de notre pèlerinage. Après avoir consenti à être dépassés par un mystère, nous avons compris qu'il ne s'agissait pas de chercher stérilement une explication au scandale du mal, mais de lui donner une réponse ferme, déterminée, courageuse.

L'audace d'un tel combat nous enjoint d'accepter les exigences qu'il signifie : la miséricorde, le pardon, la compassion. Les enfants des rues et des bidonvilles de Manille, si souvent victimes de mépris et d'indifférence, nous appellent à devenir des passionnés du prochain.

On ne répond pas au mal par une équation, mais par une effusion. Les plus pauvres nous montrent le chemin et nous intiment de ranimer nos cœurs en ripostant au mal par l'amour.

Soyons des instruments de pardon et de compassion afin de disloquer l'engrenage inéluctable du mal. Soyons des instruments de joie, en multipliant les petits gestes d'attention, les sourires. Soyons des instruments d'amour en brisant l'indifférence.

Prière de saint François d'Assise

Seigneur,
Faites de moi un instrument de votre paix.

Là où est la haine, que je mette l'amour.
Là où est l'offense, que je mette le pardon.
Là où est la discorde, que je mette l'union.
Là où est l'erreur, que je mette la vérité.
Là où est le doute, que je mette la foi.
Là où est le désespoir, que je mette l'espérance.
Là où sont les ténèbres, que je mette la lumière.
Là où est la tristesse, que je mette la joie.

Faites que je ne cherche pas tant à être consolé que de consoler,
D'être compris que de comprendre.
D'être aimé que d'aimer.

Parce que
C'est en donnant que l'on reçoit,
C'est en s'oubliant soi-même qu'on se retrouve
C'est en pardonnant qu'on obtient le pardon.
C'est en mourant que l'on ressuscite à l'éternelle vie.

Saint François d'Assise

Finalement, mon ambition était d'écrire quelques pages sur la question du mal, mais les enfants des rues et des bidonvilles de Manille ne m'ont pas donné d'autres choix que de parler d'amour, de pardon et de joie !

Marie

Il reste néanmoins une des sept dernières paroles du Christ en Croix que nous n'avons pas encore mentionnée.

> « Or, près de la croix de Jésus se tenaient sa mère et la sœur de sa mère, Marie, femme de Cléophas, et Marie Madeleine. Jésus, voyant sa mère, et près d'elle le disciple qu'il aimait, dit à sa mère : "Femme, voici ton fils." Puis il dit au disciple : "Voici ta mère." Et à partir de cette heure-là, le disciple la prit chez lui » (Jn 19,25-27).

Du haut de la Croix, innocent mais crucifié, le Christ nous a indiqué le chemin, Il a levé le voile sur la riposte la plus implacable au mal, nécessairement imprégnée d'un amour intense, insondable et éternel. Désormais Il nous envoie en mission et nous confie, pour cela, au guide le plus fiable et le plus inflexible, *la Mère sans tache*[2].

2. Cf. Les litanies de la Vierge Marie.

« *Voici ton fils* »

Marie nous apprend à redire jour après jour notre « *Fiat* ! », à rester fidèles malgré la souffrance qui perdure, à tenir bon dans la tempête. Se résoudre héroïquement à apporter une réponse au mal plutôt que de l'expliquer, c'est accepter que le scandale persiste mais croire fermement que les fruits du combat ne nous appartiennent pas.

« *Voici ta Mère* »

Marie nous précède sur le chemin et nous montre l'exemple. En se tenant debout, dignement, au pied de la Croix, Elle nous invite à nous relever, et à proclamer, par toute notre vie, que Dieu… est un Dieu d'amour !

Prière de Saint Bernard de Clairvaux

« En la suivant, on ne dévie pas.
En la priant, on ne désespère pas.
En pensant à elle, on ne se trompe pas.
Si elle te tient par la main, tu ne tomberas pas.
Si elle te protège, tu ne craindras pas.
Si elle est avec toi, tu es sûr d'arriver au but.

Marie est cette noble étoile dont les rayons illuminent le monde entier,
dont la splendeur brille dans les cieux et pénètre les enfers.
Elle illumine le monde et échauffe les âmes.
Elle enflamme les vertus et consume les vices.
Elle brille par ses mérites et éclaire par ses exemples.

Ô toi qui te vois ballotté au milieu des tempêtes, ne détourne pas les yeux de l'éclat de cet astre si tu ne veux pas sombrer.
Si les vents de la tentation s'élèvent, si tu rencontres les récifs des tribulations, regarde l'étoile, invoque Marie.
Si tu es submergé par l'orgueil, l'ambition, le dénigrement et la jalousie, regarde l'étoile, crie Marie.
Si la colère, l'avarice ou les fantasmes de la chair

secouent le navire de ton esprit, regarde Marie.
Si, accablé par l'énormité de tes crimes, confus de la laideur de ta conscience, effrayé par l'horreur du jugement, tu commences à t'enfoncer dans le gouffre de la tristesse, dans l'abîme du désespoir,
pense à Marie.

Que son nom ne quitte pas tes lèvres, qu'il ne quitte pas ton cœur et pour obtenir la faveur de ses prières, n'oublie pas les exemples de sa vie. »

Petit appendice

Catéchèse de Benoît XVI sur le silence du Christ

Chers frères et sœurs,

Dans la précédente série de catéchèses, j'ai parlé de la prière de Jésus et je ne voudrais pas conclure cette réflexion sans m'arrêter brièvement sur le thème du silence de Jésus, si important dans le rapport avec Dieu. Dans l'exhortation apostolique post-synodale *Verbum Domini*, j'avais fait référence au rôle assumé par le silence dans la vie de Jésus, surtout sur le Golgotha : « Nous nous trouvons ici face au « langage de la croix » (1 Co 1,18). Le Verbe se tait, il devient silence de mort, car il s'est « dit » jusqu'à se taire, ne conservant rien de ce qu'il devait communiquer » (n. 12). Devant ce silence de la croix, saint Maxime le Confesseur met sur les lèvres de la Mère de Dieu l'expression suivante : « Sans parole est la Parole du Père, laquelle a créé toute la nature parlante, sans mouvement sont les yeux éteints de celui par la parole et le geste de qui est mû tout ce qui se meut » (*La vie de Marie*, n. 89 : Textes sur Marie du premier millénaire, 2).

La croix du Christ ne montre pas seulement le silence de Jésus, comme ultime parole adressée à son Père, mais elle révèle aussi que Dieu parle par le silence : « Le silence de Dieu, l'expérience de l'éloignement du Tout-Puissant et du Père est une étape décisive du parcours terrestre du Fils de Dieu, Parole incarnée. Pendu au bois de la croix, il a crié la douleur qu'un tel silence lui causait : « Mon Dieu, mon Dieu, pourquoi m'as-tu abandonné ? » (Mc 15,34 ; Mt 27,46). Persévérant dans l'obéissance jusqu'à son dernier souffle de vie, dans l'obscurité de la mort, Jésus a invoqué le Père. C'est à lui qu'il s'en remet au moment du passage, à travers la mort, à la vie éternelle : « Père, entre tes mains je remets mon esprit » (Lc 23,46) » (*Verbum Domini*, n. 21). L'expérience de Jésus sur la croix est profondément révélatrice de la situation de l'homme qui prie et indique le sommet de l'oraison : après avoir écouté et reconnu la parole de Dieu, nous devons nous mesurer aussi au silence de Dieu, expression importante de la parole divine même.

La dynamique entre parole et silence, qui marque la prière de Jésus pendant toute son existence terrestre, touche aussi notre vie de prière dans deux directions. La première concerne l'accueil de la parole de Dieu. Le silence intérieur et extérieur est nécessaire pour que cette parole puisse être entendue. Et ce point est particulièrement difficile pour nous, à notre époque. En effet, nous vivons dans un temps qui ne favorise pas le recueillement ; au contraire, on a parfois l'impression que l'on a peur de se détacher, même un instant, du flot de paroles et d'images qui marquent et remplissent nos journées. C'est pour cela que, dans l'exhortation *Verbum Domini* que je viens de citer, j'ai rappelé la nécessité d'être éduqué à la valeur du silence : « Redécouvrir le caractère central de la Parole de Dieu dans la vie de l'Église veut dire redécouvrir le sens du recueillement et de la paix intérieure.

La grande Tradition patristique nous enseigne que les Mystères du Christ sont liés au silence ; par lui seul, la Parole peut faire en nous sa demeure, comme chez Marie, qui est inséparablement la femme de la Parole et du silence » (n. 66). Ce principe – selon lequel sans le silence on ne peut pas entendre, écouter, recevoir une parole – vaut surtout pour la prière personnelle, mais aussi pour nos liturgies : pour faciliter une écoute authentique, celles-ci doivent être aussi riches de moments de silence et d'accueil non verbal. Cette observation de saint Augustin est valable encore aujourd'hui : *Verbo crescente, verba deficiunt* – « Quand le Verbe paraît, les paroles se taisent » (cf. Sermo 288, 5 : PL 38, 1307 ; Sermo 120, 2 : PL 38, 677). Les Évangiles présentent souvent Jésus, surtout au moment des choix décisifs, se retirant seul dans un lieu à l'écart des foules et de ses disciples pour prier dans le silence et vivre son rapport filial avec Dieu. Le silence est capable de creuser un espace intérieur au plus profond de nous-mêmes, pour y faire habiter Dieu, afin que sa parole demeure en nous, pour que notre amour pour lui s'enracine dans notre esprit et dans notre cœur et anime notre vie. C'est donc la première direction : réapprendre le silence, l'ouverture à l'écoute, pour nous ouvrir à l'autre, à la parole de Dieu.

Mais il y a aussi une seconde relation du silence à la prière qui est importante. En effet, ce n'est pas seulement notre silence qui nous dispose à l'écoute de la Parole de

Dieu ; souvent, dans notre prière, nous nous trouvons confrontés au silence de Dieu, nous éprouvons presque un sentiment d'abandon, il nous semble que Dieu ne nous écoute pas et ne nous répond pas. Mais ce silence de Dieu, comme pour Jésus, n'est pas le signe de son absence. Le chrétien sait bien que le Seigneur est présent et qu'il écoute, même dans l'obscurité de la douleur, du refus et de la solitude. Jésus donne à ses disciples, et à chacun de nous, l'assurance que Dieu connaît bien nos besoins, dans toutes les situations de notre vie. Il enseigne les disciples : « Dans vos prières, ne rabâchez pas comme les païens : ils s'imaginent qu'en parlant beaucoup ils se feront mieux écouter. N'allez pas faire comme eux ; car votre Père sait bien ce qu'il vous faut, avant que vous le lui demandiez » (Mt 6,7-8) : un cœur attentif, silencieux, ouvert est plus important que beaucoup de paroles. Dieu nous connaît jusqu'à l'intime, mieux que nous-mêmes, et il nous aime : le savoir doit nous suffire. Dans la Bible, l'expérience de Job est particulièrement significative à cet égard. En peu de temps, cet homme perd tout : ses proches, ses biens, ses amis, sa santé ; le comportement de Dieu envers lui semble vraiment être un abandon, un silence total. Et pourtant, dans son rapport à Dieu, Job lui parle et crie vers lui : malgré tout cela, dans sa prière, il garde sa foi intacte et, à la fin, il découvre la valeur de son expérience et du silence de Dieu. Et ainsi, s'adressant au Créateur, il peut enfin conclure : « Je ne te connaissais que par ouï-dire, mais maintenant mes yeux t'ont vu » (Jb 42,5) : nous tous, dans l'ensemble, nous connaissons Dieu seulement par ouïe dire et, plus nous sommes ouverts à son silence et à notre silence, plus nous commençons à le connaître réellement. Cette confiance extrême qui s'ouvre à une rencontre profonde avec Dieu a mûri dans le silence. Saint François-Xavier priait en disant au Seigneur : « Je t'aime non parce que tu peux me donner ton paradis ou me condamner à l'enfer, mais parce que tu es mon Dieu. Je t'aime parce que tu es toi ».

En nous acheminant vers la conclusion de ces réflexions sur la prière de Jésus, quelques enseignements du *Catéchisme de l'Église catholique* nous viennent à l'esprit : « Le drame de la prière nous est pleinement révélé dans le Verbe qui s'est fait chair et qui demeure parmi nous. Chercher à comprendre sa prière, à travers ce que ses témoins nous en annoncent dans l'Évangile, c'est nous approcher du Saint Seigneur Jésus comme du Buisson ardent : d'abord le contempler lui-même en prière, puis écouter comment il nous enseigne à prier, pour connaître enfin comment il exauce notre prière. » (n. 2598). Et comment Jésus nous enseigne-t-il à prier ? Nous trouvons une réponse claire dans le *Compendium du Catéchisme de l'Église catholique* : « Jésus nous enseigne à prier non seulement avec la prière du Notre Père » – certainement l'acte central de son enseignement sur la prière – « mais aussi quand il est en prière. De cette manière, en plus du contenu de la prière, il nous enseigne les dispositions requises pour une prière vraie : la pureté du cœur qui cherche le Royaume et qui pardonne à ses ennemis, la confiance audacieuse et filiale qui va au-delà de ce que nous ressentons et comprenons, la vigilance qui protège le disciple de la tentation » (n. 544).

En parcourant les Évangiles, nous avons vu que, dans notre prière, le Seigneur est l'interlocuteur, l'ami, le témoin et le maître. En Jésus se révèle la nouveauté de notre dialogue avec Dieu : c'est une prière filiale, que le père attend de ses enfants. Et nous apprenons de Jésus combien la prière constante nous aide à interpréter notre vie, à faire des choix, à reconnaître et à accueillir notre vocation, à découvrir les talents que Dieu nous a donnés, à accomplir chaque jour sa volonté, voie unique pour réaliser notre existence.

Pour nous, qui sommes souvent préoccupés d'efficacité opérationnelle et de résultats concrets à obtenir, la prière de Jésus nous montre que nous avons besoin de nous arrêter, de vivre des moments d'intimité avec Dieu, « nous détachant » du vacarme quotidien pour écouter, pour aller à la « racine » qui nous soutient et nourrit notre vie. L'un des moments les plus beaux de la prière de Jésus se trouve justement lorsque, pour affronter les maladies, les contrariétés et les limites de ses interlocuteurs, il s'adresse à son Père dans l'oraison et ainsi, il enseigne à ceux qui l'entourent où trouver la source de l'espérance et du salut. J'ai déjà donné l'exemple émouvant de la prière de Jésus sur la tombe de Lazare. L'évangéliste Jean raconte ainsi l'événement : « On enleva donc la pierre. Jésus leva les yeux en haut et dit : "Père, je te rends grâce de m'avoir écouté. Je savais que tu m'écoutes toujours ; mais c'est à cause de la foule qui m'entoure que j'ai parlé, afin qu'ils croient que tu m'as envoyé". Cela dit, il s'écria d'une voix forte : "Lazare, viens dehors !" » (Jn 11,41-43). Mais c'est au moment de sa passion et de sa mort que Jésus atteint le sommet de la profondeur de sa prière au Père, lorsqu'il prononce le « oui » extrême au projet de Dieu et montre comment la volonté humaine trouve son accomplissement dans une adhésion pleine à la volonté de Dieu et non dans une opposition. Dans la prière de Jésus, dans son cri lancé vers le Père sur la croix, se concentrent « toutes les détresses de l'humanité de tous les temps, esclave du péché et de la mort, toutes les demandes et les intercessions de l'histoire du salut… Voici que le Père les accueille et, au-delà de toute espérance, les exauce en ressuscitant son Fils. Ainsi s'accomplit et se consomme le drame de la prière dans l'Économie de la création et du salut » (*Catéchisme de l'Église catholique*, n° 2606).

Chers frères et sœurs, demandons au Seigneur avec confiance de vivre le chemin de notre prière filiale, en apprenant chaque jour du Fils unique qui, s'est fait homme pour nous, comment nous devons nous adresser à Dieu. Les paroles de saint Paul sur la vie chrétienne en général valent aussi pour notre prière : « Oui, j'en ai l'assurance, ni mort ni vie, ni anges ni principautés, ni présent ni avenir, ni puissances, ni hauteur ni profondeur, ni aucune autre créature ne pourra nous séparer de l'amour de Dieu manifesté dans le Christ Jésus notre Sauveur » (Rm 8,38-39).

7 mars 2012

Quelques lectures précieuses

– Charles Journet, *Le Mal, essai théologique*, Desclée de Brouwer, Fribourg 1962

– Jacques Maritain, *Dieu et la permission du mal*, Desclée de Brouwer, Paris 1963

– Adolphe Gesché, *Le mal*, Cerf, Paris 2013

– Collectif, *Dialogues avec la souffrance*, Foi Vivante, Éditions Spes, 1968

– Suzanne Fouché, *Souffrance, école de vie*, Éditions Spes, Paris 1933

– Bernard Bro, *Le pouvoir du mal*, Cerf, Paris 1976

– Jean-Paul II, Lettre encyclique *Salvifici doloris*, 11 février 1984

Remerciements

Quelques lignes de remerciements sont toujours insatisfaisantes puisque, d'une part, elles ne permettent malheureusement pas de citer tous ceux qui mériteraient de l'être, mais que surtout elles restent une mention trop succincte qui ne reflète pas l'étendue de ma reconnaissance.

Je veux néanmoins exprimer toute ma gratitude au cardinal Luis-Antonio G. Tagle, non seulement pour ses mots d'introduction, mais aussi pour son soutien sans faille jour après jour. Son affection privilégiée pour les pauvres est incontestable.

Mes remerciements s'adressent aussi à Charles et Élise Cruse pour le travail de relecture de ces quelques pages qu'ils ont bien voulu faire ainsi que pour leur dévouement inégalable auprès des enfants de la fondation. Leur témoignage est édifiant.

Merci à tous ceux qui soutiennent l'œuvre entreprise à Manille, matériellement et moralement, bien sûr, mais aussi, et surtout, spirituellement par leurs prières fidèles, inestimable cadeau.

Table

Achevé d'imprimer par Présence Graphique,
en août 2018
N° d'imprimeur : 081861161

Dépôt légal : septembre 2018

Imprimé en France

la réponse est en toi
c'est ça rennaître
du maup comprendre